KB246382

MS

빌 게이츠가 억만장자라면
나도 억만장자가 될 수 있다

— 성공을 향한 전략 —

All I Really Need to Know in Business I Learned at MICROSOFT

by JULIE BICK

MS

빌 게이츠가 억만장자라면
나도 억만장자가 될 수 있다

— 성공을 향한 전략 —

사람과 책

MS

빌 게이츠가 억만장자라면
나도 억만장자가 될 수 있다

지은이 / 줄리 빅
옮긴이 / 신미향

1판 1쇄 박은날 / 1998년 4월 10일
1판 1쇄 펴낸날 / 1998년 4월 15일

펴낸이 / 이보환
펴낸곳 / 사람과책
등록일자 / 1994년 4월 20일
등록번호 / 제16-878호

주소 / 우편번호 135-080 서울시 강남구 역삼동 605-10 세계빌딩
전화 / 영업부 (02)556-1612~4 편집부 556-6841 팩시밀리 / 556-6842

ⓒ 1998 Human and Book, Printed in Korea
※ 잘못된 책은 바꾸어 드립니다.

ISBN 89-8117-028-2 03320

책이 나왔다.

그리고 마이크로소프티들은 성공할 수밖에 없다는 사실을 다시 한 번 확인한 순간이다.

직장 업무뿐 아니라 개인적인 저술 작업에까지 기꺼이 재치와 지혜를 빌려 준 모든 마이크로소프티들에게 감사의 말을 전한다.

애미 에인혼(Amy Einhorn), 댄 그린버그(Dan Greenberg), 그리어 케셀(Greer Kessel)과 처음부터 이 일이 가능하게 도와준 존 카아프(Jon Karp)……, 감사할 분이 너무 많다. 친구 닐 겐첼(Neal Gantcher) 역시 가족 못지않게 많은 애를 써 주었다.

이 책이 제 모습을 갖추도록 영감을 주신 돈 프랭클린(Don Franklin) 삼촌, 그리고 풍부한 이야기와 재미를 더할 수 있도록 많은 전자 우편 자료를 제공해 준, 마이크로소프트 워드 '자동 맞춤법 교정' 기능을 개발한 하차모비치(Dean Hachamovitch)에게도 감사한다. 마지막으로 언제나 끝없는 지원을 해 주신 부모님, 감사합니다.

차례

4

**효율적인 의사소통에
필요한 모든 것**
나는 마이크로소프트에서
배웠다

비즈니스 실용 서적을 볼 때 나처럼 서문은 뛰어넘고 바로 알
맹이 부분으로 들어가는 사람이라면 이번에도 역시 부담없이 넘
어가도 괜찮다. 하지만 이 책의 목적과 내용에 대해 알고 싶다면
계속 읽어 주길 바란다.

마이크로소프트라는 단어를 들으면, 인정 사정 없는 경쟁에서
부터, 24시간 쉴새없이 일하는 스물일곱 살의 천재 백만장자 등
갖가지 이미지가 떠오를 것이다. 사실, 많은 사람들이 마이크로
소프트의 기업 이미지를 놀리고 풍자해왔지만 그걸 보며 가장 즐
거워한 사람은 다름아닌 마이크로소프티들이었다. 참, '마이크로
소프티'는 마이크로소프트의 사원들이 스스로를 부르는 말이다.
다음 편지는 사원들 사이에서 돌려본 전자 우편의 일부로, 마이
크로소프트의 일벌레 문화를 빗대어 놀린 것이다.

마이크로소프트에 대해 나름대로 할 얘기가 많겠지만 한 가지 확실한 점은, 업종과 지위를 막론하고 비즈니스 세계에 관심있는 사람에게 이만큼 완벽한 훈련 장소는 없다는 것이다. 다른 곳에서 몇 년이 걸려야 얻을 수 있는 경험을 마이크로소프트에서는 단 몇 주 안에 자기 것으로 만들 수 있다. 긴장감, 급변하는 시

수신	?
발신	?
참조	과로 예방 및 회복

고립을 피하라 : 혼자 일해서는 안 된다. 언제나 새로운 관계를 만들고 친구와 가족간의 관계를 돈독히 하라. 친밀감은 새로운 통찰력을 가져오며 불안감과 좌절감을 예방한다.
마이크로소프트 관점 : 아무도 방해하지 못하도록 문을 닫고 아예 안에서 잠궈 버려라. 사람들은 생산성을 떨어뜨릴 기회만 노리고 있다.

"아니오"라고 말하는 법을 배우라 : 자신의 입장을 당당하게 말하면 긴장을 덜 수 있다. 예정에 없던 일로 시간을 빼앗기거나 감정을 소비해야 한다면 과감하게 거절하라.
마이크로소프트 관점 : 어떤 경우에도 '아니오'라고 해서는 안 된다. 이것은 약한 모습을 드러내는 것이며 결국 주식값만 내려간다. 오늘 자정에라도 처리할 수 있는 일이면 결코 내일로 미루지 말라.

자신의 업무를 재평가하라 : 일시적인 업무와 지속적인 업무를 구별하라. 간단히 말해 중요한 것과 중요하지 않은 것을 가려내라는 뜻이다. 그래야 시간과 에너지를 아낄 수 있다.
마이크로소프트 관점 : 개인적인 문제는 이제 그만! 이것은 이기적인 발상일 뿐이다. 업무를 바꿀 때는 회의에서 밝혀 다른 사람에게 알려야 한다. 그 전에 누군가 전화해 가장 중요한 일이 무엇이냐고 물으면, 이 문제에 관해 언급할 입장이 아니라고 말한 후 마이크로소프트 영업부 전화번호를 알려 주어라. 그러면 영업부에서 알아서 처리할 테니까.

장, 기록적인 성장을 직접 경험할 수 있고, 가끔은 빌 게이츠도 볼 수 있다. 무엇을 더 바라겠는가? 물론, 바라기로 친다면 끝도 없을 것이다. 그러나 이 책에서 뽑아낼 수 있는 작은 조언이나마 여러분이 바라는 것에 포함되기를 바란다.

나는 월튼 대학에서 MBA를 전공하고 졸업하자마자 마이크로소프트사에 입사했다. 성공을 향해 돌진할 만반의 준비를 갖추었다고 자신하던 때에 학교에서 배운 최첨단 전문 용어가 마이크로소프트에서 고스란히 사용되는 걸 알고 얼마나 흥분했는지 모른다. '광고 타깃'과 '틈새 시장'은 물론이며, '포커스 그룹'과 예측된 'ROI(투자 수익률)'까지. 나는 경쾌한 발걸음으로 거대한 기업 대국 속을 여행하기 시작했다.

그런데 입사한 지 얼마 되지 않아 학교에서 배우지 않은 무언가를 느끼기 시작했다. 어떤 상사는 팀원들로부터 '스타'라고 불리며 사랑과 존경을 한 몸에 받는 반면, 어떤 상사는 불평 불만을 달고 다녔다. 전자 우편, 메모, 회의중에 하는 말 하나까지 놀라울 정도로 간결하게 핵심을 찌르는 사람이 있는가 하면 두서없이 말만 늘어놓는 사람도 있었다. 그런 속에서 여러 가지가 결정되고 사람들은 부서를 옮겨 다니며 자신의 일에 몰두했다. 분명 내가 이해하지 못한 중요한 영역이 있었다. 그 많은 직원들을 최상 팀으로 묶어내는 진짜 비밀은 무엇일까? 어떻게 해야 승진할 수 있을까? 골치 아픈 상사를 만나면 어떻게 처신해야 하나? 나의 궁금증은 점점 커져갔다.

그런 와중에 다른 회사에서 일하는 친구들로부터 자신들도 똑같은 경험을 했고 비슷한 문제를 가지고 있다는 말을 들었다. 그때 나는 생각했다. 각분야의 모든 인재들이 모여 있는 마이크로소프트를 나의 교실로 만들자고.

그때부터 나는 동료와 상사의 이야기에 주의를 기울였고 경쟁자의 움직임을 주시했다. 실수도 그냥 흘려 보내지 않았다. 그렇게 촉각을 세우고 주위를 관찰하기 시작하자 나도 모르게 성공에 이르는 비결을 체득하고 성공적인 벤처기업가의 특징을 모방하고 있었다. 실수 없이 여러 가지 긴급 사항을 번갈아가며 처리하는 방법, 시장 현황과 경쟁사 제품을 분석하는 방법, 기대치를 실현하는 방법 등을 배웠다. 그리고 승진한 이후에는, 팀에 동기를 부여하고, 유능한 부하 직원을 고용하고, 전략을 명쾌하게 이해시키는 방법을 체득했다. 뿐만 아니라 내 책임 영역을 뛰어넘어 사고하고 가치있는 모험을 감수하는 방법을 가르쳐 준 스승도 찾았다(그렇다. 누구나 스승을 찾아야 한다. 우리들 대부분이 바로 옆에 있는 위대한 스승을 보지 못한다.). 간단히 말해, 나는 마이크로소프트를 벤처기업의 선두 주자로 만든 인사, 관리, 조직의 비법을 원액 그대로 흡수한 것이다.

마이크로소프트에서 보낸 시간은 흥미진진했고 언제나 굉장한 사람들과 지독한 도전으로 가득 차 있었다(아니, 지독한 사람과 굉장한 도전일지도 모르겠다.). 이 책을 쓴 이유는 내가 배운 모든 것을 관리자, 기업가, 신입 사원 그리고 인류 역사상 최고의 성공을 이루어 낸 기업의 진면모를 보고 직접 응용하고자 하는 모든 사람에게 전해 주기 위해서이다. 벤처기업의 관리자가 되는 방법, 업무를 훌륭하게 수행하면서 안정된 계획을 세우는 방법 등 내가 배운 소중한 교훈은 어느 분야, 어떤 직위의 사람에게라도 응용될 수 있다. 그러므로 지금 몸담고 있는 분야가 다를지라도 여기 있는 교훈을 시험해 보고 그 결과를 주목하기 바란다.

MS
성공에 필요한 모든 것,
나는 마이크로소프트에서 배웠다

주요 부서의 부장이건 작은 팀의 제품 개발 담당자건 직위에 관계없이 동일한 규칙이 적용된다. 고객들과 지속적으로 연락을 취하고 시시각각 변하는 시장 상황에 주의를 기울여 새로운 기회가 생겼을 때 신속하게 이용하고, 또 수지가 맞지 않는 사업이라는 판단이 서면 긴급 대책을 마련하라.

성공적으로 업무를 수행하려면 부하 직원의 실수까지 포용할 줄 알아야 한다. 그래야 사원들이 가치있다고 판단되는 위험에 겁 먹지 않고 기꺼이 뛰어들 수 있기 때문이다. 경쟁사나 예상하지 못한 변화 때문에 옆길로 빠지는 일도 흔히 발생하지만 성공하겠다는 목적 의식에 집중한다면 언제나 최고의 성과를 이룰 수 있다. 설사 실패한다 해도 규칙을 자신에 유리하게 바꾼 후 재시도할 수 있다는 사실을 명심하라.

개먹이를 직접 먹어 보라
광고문구만 믿어서는 안 된다

고등학교 일학년 여름 방학 때 나는 시내 상가에서 초콜릿 판매원으로 일한 적이 있다. 그 때 판매 담당자는 '안내 책자의 설명만 믿고 그대로 얘기하지 말고 여기서 파는 초콜릿을 전부 먹어 본 후에 그 느낌을 손님에게 설명하라'고 말했다. 나는 순순히 그 말을 따랐다. 마이크로소프트도 이와 비슷한 원리를 적용하고 있다. 물론 초콜릿 시식처럼 즐겁기만 한 일은 아니지만 비슷한 목적을 수행하는 것만은 틀림없다.

마이크로소프트에서 '개먹이를 직접 먹어 보라'는 말은 제품이 출시되기 오래 전부터 직원들이 직접 시험용 버전을 사용해 본다는 뜻이다. 윈도우즈 95 마케팅 담당자는 새로운 운영 시스템인 윈도우즈 95 출시에 앞서 몇 달 동안 직접 제품을 사용했다. MS 워드(Word), 엔카르타(Encarta) CD-ROM 백과사전 등 모든 팀이 동일한 과정을 거친다.

사실, 개먹이를 먹는 것이 언제나 기분좋은 일만은 아니다. 한 번은 마이크로소프트가 수만 명의 직원들에게 새 전자 우편 시스템을 시범적으로 운영한 적이 있었는데, 그 때문에 우편 배달 지연, 컴퓨터 충돌, 우편 손실 등의 문제가 생겨 결국 생산력 저하를 낳고 말았다. 사소한 장치 문제 때문에 전자 우편 화면이 45초 동안 정지되었다가 다시 정상으로 돌아가곤 한 것이다. 그 때 한 직원이 농담삼아 말했다.

"처음에는 직원들이 컴퓨터 앞에서 같은 일을 반복하다 손목 부상이라도 입을까 걱정해서 회사가 강제로 일을 중단시키고 커피나 마시면서 쉬게 하는 특별한 기능인 줄 알았어요. 그런데 하루 아침에 커피를 여섯 잔이나 마시고 나니까(계속해서 정지하는 시스템 때문에) 카페인에 취해서 제 정신이 아니더라구요."

'개먹이를 직접 먹어 보라'는 말은 사용자 입장에서 사용하는 것을 의미하기도 한다. 소비자 사업부(Consumer Division)의 한 관리자는 자기 집 부엌에 컴퓨터를 설치해서 언제나 켜 놓는다고 한다. 마이크로소프트가 개발하고 있는 미래형 컴퓨터는 오늘날처럼 남아도는 방에 놓아 두고 일 주일에 한두 번 오락이나 가계부 정리에만 쓰는 것이 아니라 생활의 필수 도구로 사용되기 때문이다. 그 관리자는 실생활에서 유용한 점과 불편한 점을 직접 경험하고 있는 것이다.

'개먹이를 직접 먹어 보라, 광고 문구만 믿어서는 안 된다'는 표현은 보도 자료에 거창하게 설명된 훌륭한 특징들을 자리에 앉아 읽기만 하지 말고 직접 체험하라는 뜻이다. 그러면 사용자와 공감대를 형성할 수 있고 사용자가 느끼는 필요성과 좌절감까지 이해할 수 있다. 마이크로소프티는 자신들이 개발, 시험, 판매하는 모든 제품에 이 방식을 도입해서 제품에 대해 철저하게 알아 나간다.

단순한 동굴인, 프린터 사용이 어렵다

다음은 인터넷으로 접수된 전자 우편으로, 마이크로소프트 사원 전체가 회람했다.

수신	?
발신	?
참조	단순한 동굴인, 프린터 사용이 어렵다.

나는야 동굴인, 단순한 인간. 두 개의 프린터, 두 개의 컴퓨터 연결, 연결 원한다.
오~오! 동굴 벽을 기어나갈 수 있게 도와주 ~ .

```
  _____   _____        |P5-90|
LPT1    | P5-60       Win 95 |\
  |           Win 3.1    |      |    | \   |
  |       ......|           \... |...
 ? |            \                        LPT1 to 1284D
  |             \                   |
  ?_|____     \ to 1284C      ___|____
  | Djet |        _____| Ljet  |
  | 855c |                       | 5MP   |
  ......                           ......
```

고생 고생하다 드디어 1284C와 1284D를 Ljet HP 5MP로 연결. 끝내주게 잘됨. 두 컴퓨터가 HP Ljet에게 말한다. "같이 쓰자, 같이 쓰자. HP Ljet 5MP, EPP 좋아한다." P5-90, P5-600에 이야기한다. "나 여기! 나 여기! 종이 필요하다!"

그 때 Djet 855c 드디어 결합, 훨씬 멋있다. P5-900에 Djet와 이야기 필요. 이젠 프린터 바꾸는 방식 싫다. P5-90 닫고, 케이블 바꾸고, 재부팅. Win 95, 커다란 똥덩어리처럼 냄새가 지독하다. 파리들, 파리들. 욱 ~.

다시 생각. 작은 카드에 새 병렬 포트 LPT2 추가할까? 그런데 악마 나타났다. IRQ 부족하단다. 동굴인, 사운드 카드 IRQ를 5에서 바꾸자니 무섭다. 악마 Win 95, 사운드 카드 본 적도 없고, 찾기만 하면 죽일 테니까. IRQ 할당에 LPT2가 필요. 다시 보니 FarPoint 남는 병렬 포트 카드 만든다. 그런데 FarPoint, 이 망할놈의 Win 95와 호환 안 된다. 동굴인 EPP 필요하다. 대부분 카드가 EPP 아니고 원하지도 않고 비싸기만 한 쓰레기다.

아니, HP 855c에 패스트 시리얼을 사용할 수 있나? 855c에 남는 시리얼을 연결. 웃기지도 않는 과일 컴퓨터용이란다. (애플토크? 동굴인, 안 가 본 땅이 없고 하루 종일 말하지만 애플토크 못 들어봤다.) 사용하지 않는 16550 시리얼 P5-900에 연결. Win 95, 나쁜 기계. 나쁜 기계. 시궁창 냄새, 지독하다.

MS, 과일 컴퓨터처럼 될려고 노력. 동굴인이 원하는 걸 안다 생각하고 지 마음대로 닥치는 대로 해 본다.

실수를 검토하라

실패한 제품, 마케팅 전략 예측에 대한 마이크로소프티의 검토는 아주 혹독하다. 그러나 이것은 잘잘못을 가려 누구를 비난하거나 책임을 전가하려는 목적이 아니다. 마이크로소프트가 배운 최고의 교훈은 언제나 실패에서 얻는 것이다. 돈이나 시장 점유율을 잃는 만큼 많은 교훈을 얻는다는 것이 마이크로소프티의 생각이다.

무역 박람회에 다녀온 한 관리자가 의기양양한 태도로 팀원들에게 팀이 개발한 제품이 총 10개 부문 중 9개 부문에서 상을 휩쓸었다는 축하 전자 우편을 보냈다. 그런데 그는 하루도 채 지나지 않아 사십여 통이 넘는 편지를 받았다. 하나같이 그들 제품이 받지 못한 나머지 하나의 상과 그 이유를 묻는 내용이었다. 이것은 최고를 향한 마이크로소프티의 집념을 보여 준다.

새 소프트웨어 제품이 출시된 후에는 '포스트몰텀(postmortem)'이 실시된다. '사후(死後)'라는 뜻에서 유래한 이 단어는 '사후 평가'를 뜻하며 제품이나 프로젝트가 사용 또는 실행되는 동안 잘된 점과 잘못된 점을 분석하는 것이다. 이 과정에 관여한 사람들과 개인 인터뷰가 진행되고, 각 단계에서 내려진 결정과 시행 방법에 대해 분석, 그 결과를 보고서로 정리한 후 다른 팀에서 참조할 수 있도록 사내에 회람한다. 이 작업은 결과와 측정을 이용할 수 있는 마케팅 프로그램에서도 똑같이 실시된다. 팀이나 제품 또는 작업 과정상의 오류가 드러나 관련 팀에게는 부끄러운 일이 될 수도 있지만 적어도 모두가 소중한 경험을 공유하게 되는 것이다.

제품이나 프로젝트의 목표를 달성하지 못한 경우 마이크로소프티는 철저하게 원인을 규명한다. 어떤 경우에는 실행 과정은 아무런 잘못이 없지만 기본 전제가 틀릴 수도 있다. 이 예가 바로 트라이얼 플러스(Trial Plus) 프로그램 작업이다. 트라이얼 플러스 팀은 기업체를 선정해 90일 동안 무료로 워드와 엑셀 제품을 사용하도록 했다.

이 팀의 업무 수행은 그야말로 탁월했다. 우선 기업체를 꼼꼼하게 선정한 후 소프트웨어를 나눠 주고 계획표에 따라 대상 기업체에서 소프트웨어를 설치했는지, 다른 부서로 사용을 확대했는지 확인했다. 팀이 바라는 궁극적인 목표는 마이크로소프트 제품을 시험 사용한 부서가 기존의 소프트웨어를 마이크로소프트 제품으로 바꾸는 것이었다. 90일 후 팀원은 대상 업체들로부터 프로그램과 제품 모두에 대해 아주 만족스러운 평가를 받았지만 실제 제품을 구입한 업체 수는 상당히 적었다. 트라이얼 플러스 소프트웨어를 시험 사용한 일부 업체에서 프로그램을 네트워크로 불법 복사를 해 버렸던 것이다. 그래서 마이크로소프트 내에서는 트라이얼 플러스를 표절 플러스(Piracy Plus)라고 부른다. 결국 프로그램은 취소되었지만 트라이얼 플러스 팀은 탁월한 고객 활동 덕분에 굳건한 명성을 쌓을 수 있었다.

실패는 훌륭한 밑거름이다

개인의 실수 역시 처벌이 아니라 검토의 대상이 된다. 존 드방 마이크로소프트
부사장의 말은 아직도 전 사원의 기슴을 울린다.
"실패한 사람을 해고하면 소중한 경험을 내다 버리는 것이다."

마이크로소프트는 실패한 프로젝트를 맡았던 사람을 승진시키는 독특하고도 훌륭한 전통을 가지고 있다. 부사장 러스 시겔맨은 자신의 직위에 대해 농담삼아 말하곤 한다.

"처음에 랜(LAN)매니저로 마케팅을 맡았는데 완전히 실패작이었죠. 그런데 회사에서 오히려 나를 승진시켜 워크그룹용 윈도우즈 마케팅을 맡기더라구요. 안타깝게도 그 일 역시 시작부터 불안했지요. 그랬더니 이번에는 온라인 사업 조사팀에서 빌 게이츠 사장을 보좌하도록 했고 나중에는 마이크로소프트의 온라인 서비스 프로젝트를 맡기더군요. 그 일도 출발은 성공적이었지만 실패하자 급기야 날 부사장 자리에 앉힌 겁니다. 그 프로젝트들이 성공적이었다면 지금 내가 어떻게 되었을지 한번 생각해 보세요!"

1984년 마이크로소프트의 스프레드시트 소프트웨어 담당자가 빌 게이츠 사장을 찾아가 출시한 스프레드시트에 심각한 오류가

있어 전부 회수해야 한다고 말했다. 이 말을 들은 빌 게이츠가 말했다.

"그래요? 오늘 아침에 출근하자마자 그 자리서 이십오만 달러를 까먹었으니 내일은 좀더 잘 해 주길 바랍니다."

그 담당자는 현재 마이크로소프트의 부사장이다.

마이크로소프트에서는 언제나 새로운 분야를 개척하고 있기 때문에 실수를 작업 과정의 일부로 받아들이는 문화가 확립되어 있다. 물론 타당한 경우에 한해서이지만, 사원들이 실수에 대한 처벌을 걱정하지 않고 자신있게 일을 진행하도록 도와주는 분위기는, 앞으로도 위험을 감수하면서 대담하게 일할 수 있는 작업 풍토를 만들어 준다. 뿐만 아니라 옆에서 지켜보는 다른 사원들도 용기를 얻게 된다. 사원들은 창조적인 아이디어를 보다 자유롭게 실행할 수 있게 되고 실패할 가능성이 있는 프로젝트라 해서 미리 겁먹고 물러서는 일은 없어진다. 따라서 실패할 수 있는 자유는 곧 회사의 발전으로 이어진다.

'일을 망칠 때마다 승진된다'는 표현은 회의 도중에 우연히 나온 말이라고 한다.

덩치 큰 탱크도
날렵한 쾌속정이 될 수 있다

다루기 힘든 거대한 조직이라도 발빠르게 움직일 수 있다. 특히 명확한 목표와
필요한 결정을 내릴 수 있는 자율권이 각 팀에게 주어진다면 최대한의 효과를
거둘 수 있다.

1995년 5월 당시 마이크로소프트에서 인터넷 관련 작업에 투입된 사원은 많지 않았다. 수십억 달러의 예산이 투입된 워드나 엑셀 프로그램팀의 경우 인터넷은 생각조차 하지 못했다. 도대체 WWW(World Wide Web)이 하루 종일 책상에 앉아서 문서를 타이핑하는 사람과 무슨 관련이 있단 말인가? 당시 마이크로소프트가 준비하고 있던 인터넷 접속 온라인 서비스도 인터넷과는 분리할 계획이었다. 몇몇 CD-ROM 팀도 네트워크 상에서 게임을 하는 방법이나 마이크로소프트의 온라인 서비스로 고객에게 정보를 전달하는 방법을 연구하고 있었지 인터넷 자체에는 별 관심을 두지 않았다. 하지만 몇 명의 인터넷 '옹호자'들이 빌 게이츠 사장을 끈질기게 설득해 마침내 인터넷이라는 새로운 분야의 중요성을 깨닫게 만들었다. 당시 빌 게이츠 사장이 작성한 '인터넷 해일이

몰려온다'는 메시지는 이후 회사 전체의 운영 방향을 바꾸는 계기가 되었다.

1995년 5월 인터넷에 대한 새로운 인식은 글자 그대로 마이크로소프트를 거꾸로 뒤집어 놓았다. 같은 해 12월쯤 둔한 탱크였던 마이크로소프트는 수백 개의 날렵한 쾌속정으로 변신했고 각 팀은 한 가지, 즉 인터넷에만 집중했다. 그 후 여섯 달이 채 지나지 않아 마이크로소프트의 모든 제품 기획과 마케팅 전략에는 인터넷이 포함되었다.

이런 운영으로 결국 마이크로소프트에서는 사업의 방향을 전환시키는 사람이 회장만이 아니라 어느 레벨에서나 가능하게 되었다. 소비자 사업부가 여행 정보 CD-ROM을 계획하고 있을 때였다. 제한된 지면의 여행 서적과는 비교도 안 될 정도로 풍부한 내용과 서비스를 제공할 수 있기 때문에 이 여행 정보 CD-ROM은 굉장한 아이디어로 생각되었다. 고객이 동화상과 소리를 즐길 수 있고 '여행 일정' 프로그램이 있어서 목적지에서 들르고 싶은 장소, 예산, 시간을 입력해 직접 여행 계획을 짤 수도 있고, 지도나 박물관 개관 시간, 호텔과 식당 목록 등 다양한 정보까지 얻을 수 있는 프로그램이었다.

이 팀에 리치 바튼이라는 젊은 사원이 조금 늦게 결합해 여행 정보 CD-ROM 모습을 잡는 데 지원을 하게 되었다. 그는 팀에 결합하자마자 일에 몰두했고 얻을 수 있는 정보란 정보는 하나도 빼놓지 않고 빠른 속도로 흡수했다.

몇 주 후 그는 CD-ROM 팀장을 찾아가 말했다.

"혹시 이런 생각 해 보셨어요? 영국 여행에 관한 책은 일 년에 많아야 수천만 달러씩 팔려요. 그런데 영국 여행을 주선하는 여행사는 1억 달러나 벌어들인다구요!"

　바로 그의 제안 덕분에 마이크로소프트는 여행 정보 CD-ROM 계획을 온라인 여행 계획 및 예약 서비스로 변경시켰다. 이 전략은 기존의 계획과 마찬가지로 멀티미디어와 기술력을 충분히 활용하면서 동시에 훨씬 넓은 시장을 공략하는 것이었다. 그리고 이 년 후 리치 바톤은 마이크로소프트의 인터넷 여행 계획 서비스 프로그램의 팀장이 되었다.

고객의 목소리에 귀를 기울여라

고객이 제품이나 서비스에 대해 생각하는 내용을 추측할 수는 있다. 그러나 그들의 의견을 직접 듣는 것만은 못하다.

다음은 마이크로소프티들이 고객의 의견에 귀를 기울이는 방법이다.

- 마케팅 담당자는 의무적으로 제품 지원부의 고객 서비스 창구에서, 기술자들이 소프트웨어 사용에 문제가 있어 문의 전화를 한 고객과 상담하는 과정을 들어야 한다.
- 빌 게이츠 사장 앞으로 배달된 편지는 제품별로 분류해 담당 사원에게 전달되고 그 사원은 반드시 답장을 해야 한다.
- 마이크로소프트의 온라인 서비스 개발을 책임지고 있는 부사장은 고객이 보낸 수천 통의 편지를 하나도 빼놓지 않고 훑어본 후 칭찬과 불만 사항을 팀에 전달해 준다.
- 모든 제품은 출시되기 전에 일종의 테스트를 거친다. 프로그

래머와 마케팅 담당자 심지어 제품을 사용할 때의 느낌을 조사하는 심리학자까지 그 제품에 대한 의견을 충실히 반영할 수 있는 방법을 통해 테스트 지원자를 철저하게 관찰한다.

이제 신제품 개발에서 고객의 의견 반영은 필수적인 과정이 되었다. 워드와 엑셀의 초기 버전은 사용하기가 보통 까다로운 게 아니었다. 워드의 경우 얼른 보아서 의미가 잘 이해되지 않는 "Escape, Transfer, Load" 등의 명령어를 사용해야만 새 문서를 열 수 있었다. 제품 개발 과정에서 사용자의 의견을 충분히 반영하지 못한 때문이었다. 더욱 심각한 문제는 제품 개발 과정에서가 아니라 제품 개발이 완료된 시점에서 사용자의 의견을 수집한다는 것이었다.

이 후 두 팀은 사용자의 의견을 초기에 수집하고 반영하는 절차를 채택했고 디자이너와 프로그래머는 그때 그때 필요한 기능을 보강하게 되었다. 또한 제품 개발팀은 연구원이 사용자와 직접 대화할 기회를 만들어 사용자가 어떤 목적에, 어떤 방식으로 워드와 엑셀을 이용하는지도 조사했다. 그래서 연구원은 대기업뿐 아니라 법률 회사, 중소 기업, 학교 및 기타 다양한 조직까지 방문하게 되었다.

마이크로소프트는 사용자의 키보드 사용을 기록할 수 있는 워드와 엑셀의 특별 버전을 개발한 후 세계 곳곳의 자원자들에게 보내 작업 과정을 상세히 관찰했다. 개발팀은 사용자가 프로그램을 사용하는 과정을 추적함으로써 자주 사용되는 기능과 잘 쓰이지 않는 기능을 구별할 수 있었다. 따라서 자주 사용되는 기능은 마우스로 한 번만 클릭하면 손쉽게 이용할 수 있도록 아이콘으로 표시했고, 잘 쓰이지 않는 기능의 경우 필요 없는 기능인지 아니면 사용하기가 불편하기 때문인지 등 원인 파악에 주력했다.

이런 과정을 반복한 후 얼마 지나지 않아 워드와 엑셀은 제품 평가에서 경쟁사 제품인 로터스(Lotus) 1-2-3과 워드퍼펙트(WordPerfect)보다 높은 점수를 받았다.

고객뿐 아니라 협력업체의 의견에도 귀를 기울여야 한다. 마이크로소프트 제품의 주요 판매상인 CompuUSA의 중역이 회의에서 이렇게 말한 적이 있다.

"마이크로소프트는 결정하는 데 시간을 너무 많이 잡아먹습니다."

이 말을 들은 마이크로소프트의 판매 팀장은 일천 명에 달하는 사원을 특별 단위로 재편성해 각 팀에 분명한 목표와 필요한 결정을 내릴 수 있는 권한을 부여해, 작업의 효율성을 강화했다.

팀의 창의력을 믿어라

창의적인 마케팅 전략이나 제품 이름 또는 경영 비법이 필요할 때 보통 전문
회사에 맡기게 된다. 그 경우 대부분 상당한 비용이 들기 때문에 담당팀에게
먼저 기회를 주는 방법도 괜찮다. 누가 어떤 기막힌 아이디어를 내놓을지 아무
도 모르는 일이다.

패키지 프로그램 오피스(Office)의 마케팅팀은 고객에게 새롭고
강렬한 느낌을 주면서 동시에 제품의 혁신적인 특징을 담아낼 멋
진 이름이 필요했다. 그들이 강조하고자 하는 특징들은 소프트웨
어가 사용자의 명령 없이 사용자에게 필요한 작업을 알아내고 대
신 실행해 준다는 것이었다. 워드의 경우 자동 맞춤법 교정과 철
자 점검이라는 새로운 기능으로 사용자가 맞춤법 교정 프로그램
을 따로 실행시킬 필요가 없어졌다. 엑셀의 자동 스프레드시트
포맷 기능은 사용자가 테두리, 음영, 폰트 등의 속성을 한 번에
하나씩 설정하는 종전의 포맷과는 비교가 안 될 정도로 편리해졌
다. 또한 도움말 기능은 작업 실행 방법을 쉽게 설명할 뿐 아니라
작업을 대신 실행하기도 했다.

당시 마이크로소프트는 사용자의 필요성을 이해하고 대신 작업

을 수행함으로써 많은 시간과 노력을 절약할 수 있다는 오피스 패키지의 기본 아이디어를 효과적으로 전달할 수 있는 이름을 짓기 위해 많은 예산을 들여 전문 회사에 의뢰했다. 수천 달러와 15일의 시간을 투자한 작명 회사가 추천한 이름은 플라이온(Plion)이었다.

그 이름을 듣는 순간 회의장은 일순 찬물을 끼얹은 듯 조용해졌다. 그때 한 젊은 사원이 로마 신화에 나오는 불과 대장일의 신 불카누스를 흉내내 한 손을 들어 올리면서 말했다.

"아, 제가 바로 플라이온 행성 출신입니다."

그 말에 회의실은 웃음바다로 변했다. 플라이온이 무얼 뜻하는지 이해하는 사람이 아무도 없었던 것이다. 그러나 작명 회사는 마이크로소프트가 충분한 예산을 들여 그 이름을 홍보한다면 사용자가 좋아하게 될 거라고 주장했다. 작명 회사가 추천한 두 번째 이름은 프라이데이(Friday)였다. 걸리버가 여행지에서 만난 충직한 하인 프라이데이의 이미지를 부각시키려는 의도였다. 그 제안 역시 냉대를 받은 건 말할 필요도 없다.

그러던 중, 제품 관리자인 동료 매트가 나에게 맥주나 한 잔 하면서 우리가 직접 이름을 만들어 보자고 제안했다. 그래서 우리는 여섯 개짜리 맥주 한 팩을 사서 회사 부근 공원으로 갔다.

우리는 우선 이름을 통해 전달하고자 하는 제품의 특징을 나열했다. 그 가운데는 '사용자가 원하는 것을 안다, 사용자 대신 작업을 실행한다, 시간을 절약한다, 인텔리전스(intelligence/지능), 사용자의 필요를 느낀다' 등이 포함되었다. 그 목록을 읽으면서 우리는 생각나는 대로 이름을 대기 시작했다. 그래서 나온 이름이 '게이츠웨어(Gatesware)', '타임세이버(Timesavers)', '인텔리

타임(Intellitime)'이었다. 어느 것도 마음에 들지 않았다.

"좋아, 그럼 이 목록을 한 번 더 주욱 읽어 보자구."

매트는 맥주를 한 모금 들이킨 채 인텔리전스(intelligence)를 읽었는데 입 속에 든 맥주 때문에 '인텔리전스(ingelligence)'가 '인텔리센스(intellisense)'처럼 들렸다.

"바로 그거야! 인텔리센스(IntelliSense)! 우리가 강조하려는 특징이 바로 '지적이고 사용자의 필요를 느낀다'잖아, 두 단어를 합치면 되는 거지. 인텔리전스와 센스. 사용자가 원하는 작업을 수행할 수 있다는 뜻이 그대로 담기는 거잖아."

인텔리센스는 정말 괜찮은 생각 같았고 상사들도 좋아했다.

그때부터 마이크로소프트는 보도 자료, 광고, 우편 광고물, 제품 시연회에 인텔리센스라는 이름을 사용하기 시작했다. 그리고 몇 년 지나지 않아 그 이름은 마이크로소프트의 제품 홍보 어디서나 찾아볼 수 있게 되었다.

그 후 워드퍼펙트에서 퍼펙트센스(PerfectSense)라는 제품을 출시했을 때 매트와 나는 배꼽을 잡고 웃었다. 우리 아이디어를 모방한 게 분명했기 때문이다.

각개 전투

같은 제품이라도 고객에 따라 다른 장점을 가질 수 있다. 따라서 홍보 방향을
결정하기 전에 고객의 요구를 정확히 파악해야 한다.

마이크로소프트는 엑셀의 초기 버전을 두 그룹의 광고 타깃에
맞춰 각기 다른 방법으로 출시했다.

1985년 애플사의 매킨토시는 기업체로부터 막 인기를 얻기 시
작한 기종이었다. IBM PC 대신 매킨토시를 선택하는 기업체는
스스로 유행을 선도하며 기존의 틀을 깨는 반항아로 여기고 있었
다. 그들 중 많은 업체가 일종의 매킨토시 신봉자가 되어 가는 곳
마다 매킨토시의 우수성을 광고하고 다녔다.

그때 마이크로소프트는 매킨토시용 엑셀 스프레드시트를 출시
했다. 마케팅팀은 다양한 각도에서 판로를 뚫을 방법을 모색했
다. 사용자가 느낄 수 있는 가장 핵심적인 이점은 무엇일까? 새로
운 기능일까? 아니면 제품의 모양이나 쉬운 사용법일까?

결국 그들이 채택한 방법은 매킨토시가 표준 IBM PC보다 우수

하다고 증명하고 싶어하는 소위 매킨토시 신봉자들의 심리를 이용하는 것이었다. 마케팅팀은 매킨토시용 엑셀의 기능을 IBM PC용 로터스 1-2-3과 일 대 일로 비교하기 시작했다. 엑셀과 로터스 1-2-3을 기능별, 장점별로 낱낱이 비교 대조하며 매킨토시용 엑셀이 IBM PC용 로터스 1-2-3보다 뛰어난 이유를 설명했다. 광고 타깃인 매킨토시 사용자에게는 매킨토시용 소프트웨어의 우수성을 확인하고 결국 애플이 IBM PC보다 우수하다고 믿게 되는 계기가 되었다. 그 증거로 그들은 엑셀을 구입했다.

그런데 얼마 지나지 않아 마이크로소프트는 IBM PC용 엑셀을 출시했다. 이번 광고 타깃은 로터스 1-2-3 사용자였다. 그들은 로터스 1-2-3에 기초해 전문 기술과 경험을 쌓아왔고 일부 사용자는 직업 자체가 로터스에 달려 있다 해도 과언이 아니었다. 마이크로소프트는 매킨토시 사용자에게 했던 것처럼 로터스의 단점을 지적하면서 엑셀과 비교할 수는 없었다. 그것은 지금까지 그들의 선택이 잘못되었다는 것을 지적하는 셈이었고 결국 그들에게는 모욕이나 다름없었다. 그래서 마이크로소프트는 다른 전략을 펼쳤다. 즉, 로터스 사용자들은 당시로서는 최고의 제품을 선택했고 지금까지 그들의 결정은 옳았지만 지금은 새로운 시대이고 그 시대에 맞는 새 제품이 출시되었다고 선전했다. 마이크로소프트는 로터스와 엑셀을 일 대 일 비교가 아닌 새로운 전략으로 로터스 사용자들이 과거 선택에 대한 모욕을 느끼지 않으면서 동시에 새로운 선택을 고려할 수 있도록 유도한 것이다.

모든 업무 수행 방법은 개선될 수 있다

의사 결정의 능률화, 피드백 수집 등 제품 개발에서 일상적인 업무 수행에 이
르기까지 보다 쉽게 자동화할 수 있는 방법을 강구해야 한다.

마이크로소프트의 소프트웨어 개발과 관련된 업무 가운데 제일 지루한 일은 '코드 입력'이다. 이 일은 프로그래머들이 작성한 다양한 '코드(서면 프로그램)'를 받아 컴퓨터에 입력한 후 함께 돌려서 아무 문제가 없는지 확인하는 과정이다. 처음 몇 년 동안은 신입 사원들이 이 일을 도맡았는데 불평 불만이 끊이지 않았다. 그러던 중 한 관리자가 업무 수행 방법을 변경했고, 그 후 훨씬 능률적으로 진행되었다.

그 관리자는 코드 입력 작업을 코드를 작성한 프로그래머들에게 맡겼다. 프로그래머들이 각자 작성한 코드를 프로그래머들 중 한 명의 '입력자'에게 전해 주면 그 사람이 입력하는 것이다. 만약 프로그램이 제대로 실행되지 않으면 오류를 일으킨 코드를 작성한 프로그래머가 벌로 입력 작업을 맡았다. 그 프로그래머는

다시 코드 오류가 발생할 때까지 그 일을 맡아야 했다. 1996년 여름부터는 코드를 입력하게 될 사람에게 커다란 호박이 주어졌는데 때로 안경과 코주부 코로 장식이 되어 있기도 했다. 이 호박은 사내에서 '신선도가 의심가는 호박'으로 불렸고 이 호박을 받은 사람은 다른 프로그래머가 실수를 할 때까지 간직해야 했다. 이 아이디어, 즉, 코드 입력 업무 수행 방법의 변경이 가져 온 혜택은 다음과 같다.

- 코드 입력은 누구나 지루해 하기 때문에 프로그래머들은 오류가 발생하지 않는 코드를 작성하기 위해 최선을 다했다.
- 달갑지 않은 입력 작업을 신입 사원 몇 명이 아니라 그룹 내의 모든 사람이 분담하게 되었다.
- 간부들도 입력 작업을 해야 할 때가 있다. 다른 책임만으로도 바쁜 그들은 일단 차례가 돌아오면 최대한 빠른 시간 내에 일을 마쳐야 하기 때문에 지루한 입력 작업을 자동화할 수 있는 여러 가지 방안을 강구했고 그 결과는 성공적이었다.

규모는 작게, 효율은 크게

마이크로소프트의 사업 단위는 마케팅과 연구 개발에 천문학적인 예산을 들인다는 것을 제외하면 작은 전문 가게와 비슷하게 운영된다. 즉 사원 개개인이 주체적인 입장에서 사고하도록 유도하는 것이다. 의사 결정 권한을 가진 사원은 대기업의 관료주의 틈바구니에 끼여 수동적인 역할을 하는 사원에 비해 훨씬 더 많은 노력을 쏟기 마련이다.

마이크로소프트가 엄청난 성장을 이룩한 것은 사실이지만 팀의 규모는 예전과 별다를 바 없다. 계속해서 더 좁은 전문 영역으로 팀을 분할하기 때문이다. 한 예로, 거대한 팀 하나가 엑셀 소프트웨어를 모두 담당하는 대신 엑셀의 특정 영역 하나에 집중할 수 있는 수많은 '전문 팀'을 구성한다. 이 작은 팀은 큰 테두리 속에서 하나가 되어 한 가지 목표, 즉 최고의 엑셀을 만들기 위해 노력한다. 아무리 팀의 크기가 작아도 팀원이 문제가 있다고 느끼게 되면 그것을 해결하기 위해 고군 분투할 수 있다. 또한 한 단계 시각을 높여 자신의 팀이 전체 프로젝트에 미치는 영향에 대해서도 보고 느낄 수 있다.

마이크로소프트의 팀은 비슷한 프로젝트를 준비하고 있는 경쟁사의 팀보다 규모가 작다. 1988년 엑셀을 담당했던 프로그래머

수는 열다섯 명에 불과했다. 반면 당시 경쟁사였던 로터스 1-2-3 팀은 약 백 명에 가까웠다. 이렇게 작은 규모를 유지하려는 경향은 지금도 여전하다. 하지만 이 때문에 각 팀은 시장에서 우위를 점하고 있을 때조차 무의식적으로 패배하고 있다는 생각을 하게 되는 단점도 있다.

팀의 규모가 커지면 과도한 지출과 관료주의 경향이 조금씩 스며들 수 있기 때문에 마이크로소프트는 규모를 키우지 않기 위해 만전을 기한다. 한번은, 마이크로소프트가 인터넷 소프트웨어 제작 회사인 버미어(Vermeer)를 매입했을 때 최소한의 인원으로 빠른 시일 내에 제품을 개발해야 하는 힘든 과제에 부딪쳤다. 그렇지만 마이크로소프트는 달성하고자 하는 목표에 집중하면서 적은 인원으로도 계획을 실행에 옮길 수 있는 방법을 끊임없이 모색했다. 꼭 필요하지도 않은 인원을 늘리는 대신 적은 인원으로 고객이 필요로 하는 핵심 내용에만 집중하는 것이 마이크로소프트의 규칙이었기 때문이다.

결국 마이크로소프트는 버미어팀을 이미 거대한 프로젝트인 워드와 엑셀에 투입해 지출을 늘이고 문제를 복잡하게 만드는 대신 워드와 엑셀 작업팀에서 작은 규모의 회사 '버미어의 운영 방식'을 실행하기로 결정했다. 개발팀은 시간이 흐르면서 점점 복잡해진 절차를 재검토하고, 간단하고 합리적이었던 초기 상태로 돌아가기 위해 노력한 것이다.

지도자처럼 행동하라

마이크로소프트사에서 자주 듣는 말 가운데 '겸손한 자세를 유지하라'가 있다. 다시 말해 지도자처럼 행동하라는 뜻이다. 경쟁자를 무조건 쳐부수지 말라. 겸손해야 한다. 그리고 건방진 태도는 버려라. 그러면 메시지를 충분히 전하면서 고객, 언론, 심지어 경쟁 상대에게 존경을 받을 수 있다.

'엑셀 사용자 열 명 가운데 아홉 명이 아주 만족하고 있습니다. 우리가 잘못하고 있는 게 무엇일까요?' 겸손함을 볼 수 있는 1990년 엑셀 스프레드시트 광고 문구이다. 이때 광고 뿐만 아니라 고객이 의견을 적어 마이크로소프트로 보낼 수 있는 의견서가 포함되어 있었다. 마이크로소프트는 기본 의도대로 사용자가 엑셀에 극히 만족하고 있다는 메시지를 충분히 전달하면서 동시에 자랑을 하기 보다는 더 주의를 기울이고 더 발전하기 위해 노력하고 있다는 자세를 고객들에게 보여 주었다.

윈도우즈 95가 출시되었을 때 애플사는 《월 스트리트 저널(the Wall Street Journal)》과 시내 버스에 'C:\ongratultns. win95.'라는 내용의 값비싼 광고를 게재했다. 소프트웨어를 잘 아는 사람이라면 애플사가 윈도우즈 95의 복잡한 명령어와 파일명을 조롱하고 있다는 것을 알았지만 대부분의 평범한 사람들은 경쟁사 애플의 은근한 비판을 전혀 이해하지 못했다. 그들 눈에는 마이크로소프트의 신제품 출시를 축하하는 또 하나의 광고로밖에 보이지 않았던 것이다. 그래서 마이크로소프트는 무료로 윈도우즈 95를 선전한 셈이 되었다.

겸손한 자세는 개인의 행동에도 적용된다. 한 예로, 기업 회의에 참석하거나 연설을 할 때 경쟁사에 관한 질문을 받으면 신사답게 행동해야 한다. 마이크로소프트 그룹의 부사장 제프 레익스는 '경쟁자를 직접 만나는 것' 역시 중요하다고 말한다.

"무역 박람회에 가면 경쟁사 부스에 들러보십시오. 서로 인사도 하고 그들에게 당신이 평범한 사람이라는 걸 보여 주십시오."

그렇다. 경쟁사를 생각할 때 친절한 인물로 떠올릴 수 있는 사람이 있다면 비난의 강도가 낮아질 확률이 높다. 더 나아가 경쟁사와 협동할 수 있는 분야를 찾게 될지도 모른다.

이길 수 없으면 규칙을 바꿔라

마이크로소프트의 부사장 크리스 피터즈가 말했다.
"경쟁사와 같은 방식으로 이길 수 없다면 10 퍼센트 더 노력하십시오. 남보다 앞서려면 규칙을 바꿀 필요가 있습니다. 뭔가 다른 것을 제시해야 합니다."

1993년 봄, 마이크로소프트는 최초의 멀티미디어 CD-ROM 백과사전 엔카르타(Encarta)를 출시했다. 당시 CD-ROM 백과사전 시장에서 이미 확고한 선두주자로 자리잡고 있던 Compton's와 Grolier는 모두 뛰어난 내용과 인지도를 얻고 있는 브랜드로 대대적인 광고를 내고 있었다. Compton's의 광고는 마이크로소프트 제품을 식료품점에서 파는 싸구려 백과사전과 비교하면서 조롱까지 했다.

마이크로소프트 팀은 CD-ROM 백과사전에 좀더 나은 내용을 추가하는 방법만으로는 막강한 경쟁사를 이길 수 없다는 결론을 내렸다. 그리고 PC는 지면에 국한될 필요가 없다는 사실에 주목하고 비디오, 사운드, 애니메이션과 같은 멀티미디어 기능에 초점을 두기 시작했다. 행성이 어떻게 궤도를 도는지, 고양이는 어떻게 착지하는지를 알려고 오십 쪽에 달하는 설명을 읽고 싶은 사람은 많지 않지만, 직접 그림으로 보게 되면 흥미로울 것이라고 생각했다. CD-ROM 팀은 또한 주제와 관련된 다른 내용도 함께 연결시켜 사용자들이 마우스만 한 번 클릭하면 더 풍부한 자료로 곧바로 넘어갈 수 있도록 했다.

경쟁사들은 사람들이 백과사전으로 할 수 있는 일, 즉 사전을 뒤져보는 일에 초점을 맞추고 그 과정을 신속하게 만드는 기술에 집중했다. 그러나 마이크로소프트는 지적인 반응보다 감성적인 반응 즉 흥미에 주목했다. 엔카르타의 비디오, 애니메이션, 음악 기능은 사용자가 다양한 주제로 자유롭게 옮겨다닐 수 있게 만들었기 때문에 백과사전을 이용하는 시간이 자연히 점점 더 길어졌다. CD-ROM 팀이 원한 것은 사람들이 새로운 것을 발견하면서 그 제품에 빠져드는 것이었다. 즉, 마이크로소프트는 백과사전 시장에서 승리하기 위해 경쟁의 장을 바꾸었고 그 결과 경쟁사를 물리치며 CD-ROM 분야를 장악하고 더 나아가 서점의 백과사전 판매량까지 능가할 수 있었다.

한편, 마이크로소프티들은 소프트웨어 상점을 방문할 때 혹은 학교를 방문하거나 기자나 고객을 만나면 백과사전이 무엇이고 어떻게 이용되는지 새로운 정의를 내리면서 설명해 나갔다. 또한 엔카르타는 멀티미디어 기능을 도입함으로써 내용면에서 실제 백과사전보다 우수하고 방법 면에서 흥미를 더하기 때문에 PC를 더 오래 사용하는 동기가 되어 결국 학습 효과를 늘리는 데 도움이 된다는 점도 광고했다. 게다가 사람들이 기대하지 못했던 새로운 장점도 있었다. 바로, 최신 정보의 입수가 가능하다는 점이다.

보통 책으로 만들어진 백과사전은 편집과 출판 주기가 길기 때문에 아무리 최신 정보라 해도 최소한 여섯 달 이전의 내용이다. 시장에 나와 있는 CD-ROM도 내용이 완성된 후 몇 달이 지나야 제품이 진열될 수 있었다. 이 사실에 착안한 마이크로소프트는 제품이 상점에 진열되기 바로 몇 주 전에 내용을 추가할 수 있는 새로운 기능을 개발했다.

소프트웨어 판매상들은 매출량을 늘리기 위해 최신 정보 기능을 부각시켰다. 그리고 이 기능을 차별화할 수 있는 결정적인 계기가 마련되었다. 1994년 엔카르타가 완성되기 2주 전, 역사적인 중동 평화 협약이 조인되었다. 마이크로소프트는 조인식 사진과 각국 대표들의 연설 내용을 상세한 중동 지역 정보와 함께 엔카르타에 추가했고, 마케팅 전략상 중요한 마이크로소프트의 제품 시연장에서 자신있게 선보일 수 있었다.

세 걸음 앞서 생각하라

예고 없이 덜미를 잡히는 마케팅 계획, 기술 이전, 가격 인하는 없어야 한다! 마이크로소프티는 언제나 경쟁사, 고객, 협력업체의 움직임에 대해 사전에 고려하도록 배운다. 어떤 반응을 보일까? 어떤 조치를 취할까? 우리는 어떤 식으로 반격을 가할까? 모든 것을 사전에 준비하는 것이다.

제품 가격 인하를 계획할 때 마이크로소프티는 경쟁사가 똑같이 가격을 내리거나 더 낮은 가격을 제시할 경우에 대처할 조치까지 미리 생각한다. 새 제품이 시장에서 히트를 칠 것 같으면 제품 관리자는 제조 공장의 생산 능력이 시장 요구를 맞추지 못할 경우를 대비해 긴급 조치까지 생각해 둔다.

이 규칙은 역으로도 적용된다. 경쟁사가 가격인하나 대대적인 선전 또는 새 제품을 출시할 경우 가만히 있어서는 안 된다. 발빠르게 움직여야 한다.

수만 명이 참석하는 무역 박람회 '윈도우즈 월드(Windows World)'가 개최되기 직전 워드퍼펙트는 박람회에서 워드 프로세서 새 버전을 발표할 계획이었다. 그런데 마이크로소프트의 워드 마케팅 담당자들은 보도 자료를 통해 중요한 사실을 깨달았다.

마이크로소프트가 그 해 후반기에 출시할 워드 버전의 혁신적인 특징이 워드퍼펙트의 새 버전에는 없었던 것이다. 자동 철자·맞춤법 교정은 만족 이상의 기능이었고 자동 문서 포맷 기능은 굵은 글씨, 점, 글자 크기를 일일이 지정해 주지 않아도 포맷을 기억하고 있는 매뉴얼 하나로 손쉽게 멋진 문서를 만들 수 있게 해 주는, 사용자를 정말 만족시켜 줄 수 있는 것으로 당연히 자랑할 만한 가치가 있었다.

박람회에는 당시 워드 프로세스 분야의 선두주자였던 워드퍼펙트의 새 버전을 취재하기 위해 기자들이 올 예정이었으므로 마이크로소프트의 워드 마케팅팀은 그 자리에서 워드의 새 특징을 함께 공개하면 상당한 홍보 효과를 거둘 거라고 생각했다.

단 며칠의 짧은 준비 기간에도 불구하고 마이크로소프트의 워드팀은 박람회장 부스에서 워드의 새 특징을 보여 주기 위해 훌륭한 제품 시연을 준비했고, 워드퍼펙트가 새 제품을 소개하는 날 동시에 발표할 보도 자료를 포함한 모든 준비를 마쳤다. 제품 시연이 워드의 새 특징에 초점을 맞춘 것은 말할 것도 없다.

그 전술은 효과 만점이었다. 워드퍼펙트는 언론과 고객의 관심을 독차지하는 데 실패하고 말았다. 언론에서는 워드퍼펙트의 새 제품에 탄성을 지르는 대신 질문을 하기 시작했다.

"워드퍼펙트도 자동 맞춤법 교정이 되나요? 자동 포맷은 어떻습니까?"

때로는 경쟁사의 움직임에 대비해 무기를 숨겨두는 것도 좋은 방법일 수 있다.

마이크로소프트의 엑셀 스프레드시트 판매가 로터스 1-2-3을 앞섰을 때 엑셀 마케팅팀은 그 소식을 공개할 적절한 시기를 기다리고 있었다. 그때 마침 마케팅팀은 로터스가 1-2-3 스프레드시트가 상을 받았다는 발표를 준비하고 있다는 소식을 들었고, 로터스의 발표가 있는 날 동시에 엑셀의 판매 실적이 로터스 1-2-3을 앞섰다는 보도 자료를 공개했다. 결과는 어땠을까? 월 스트리트 저널은 로터스의 수상 기사를 다루는 대신 마이크로소프트의 급격한 판매 실적 상승을 강조하는 '스프레드시트 전쟁은 끝났다'라는 제목의 기사를 게재했다.

세 걸음 앞서 생각하는 자세에는 장기 계획도 포함된다. 1980년대 초반 소프트웨어 시장에서 고전하고 있을 때 마이크로소프트는 간단한 마우스 사용으로 실행되는 소프트웨어가 직접 명령어를 입력하는 소프트웨어를 물리칠 거라고 믿었다. 이 믿음에 기초해 마이크로소프트는 기술, 시장, 고객에 대한 연구를 실시한 후 한 번에 한 분야씩 승리하기로 전략을 세웠다. 처음에는 명령어 입력이 아니라 마우스 클릭으로 사용 가능한 비즈니스 소프트웨어 유형에, 그다음에는 마우스를 최대한 활용한 매킨토시 컴퓨터용 소프트웨어 개발에 집중했다. 이후에는 같은 소프트웨어를 윈도우즈용으로 개발했다. 이 계획을 실행하는 데는 10년이라는 긴 시간이 소요되었지만 당시 개발한 기본 비즈니스 소프트웨어가 지금은 한 해에 사십억 달러 이상의 수익을 거두고 있다.

아무도 없는 곳을 점령하라

마이크로소프트는 새 분야 개척이 새 기종과 패러다임을 추구하는 사용자에게
얼마나 소중한지를 여러 번 경험했다.

1983년 로터스가 1-2-3 스프레드시트를 출시했을 때 고객들의
반응은 상당히 좋았다. 마이크로소프트는 로터스가 IBM PC용 스
프레드시트에서 거둔 성공을 목격하면서 로터스 1-2-3에 정면으
로 맞서지 않고 같은 PC에서 사용 가능하면서 보다 우수한 품질
을 제공할 수 있는 솔루션을 개발하기로 결정했다. 그 솔루션이
바로 IBM PC용 엑셀이었다.

몇 달이 지난 후 개발이 한창 진행되고 있을 때 빌 게이츠와 당
시 제품 관리자였던 제프 레익스는 IBM PC용 엑셀을 매킨토시용
으로 변경하기로 결정했다. 로터스가 이미 IBM PC 시장을 '장
악'했다는 사실을 인정한 것이다. 그러나 애플사의 매킨토시는
새 기종이었기 때문에 그때까지 매킨토시용으로 개발된 스프레드
시트는 없었다. 마이크로소프트는 그 사실이 중요한 기회가 될

수 있음을 깨닫고 곧바로 실행에 옮겼다. 이전의 IBM 사용자들도 새 플랫폼인 매킨토시로 바꾸고 있는 상황에서 마이크로소프트에 게 주어진 기회는 실로 엄청났다. 새 플랫폼을 선택한 것, 이것은 이후 계속된 마이크로소프트의 새로운 시장 개척의 포문을 연 일 이었다.

그 결과 탄생한 매킨토시용 엑셀은 레익스의 말을 인용하면 '매킨토시 컴퓨터를 비즈니스 컴퓨터로 합법화시켰다.' 매킨토시 는 스프레드시트 패키지가 사용 가능해지면서 처음으로 직장에서 IBM PC의 실질적인 대안으로 부상하기 시작했다. 사용자의 반응 은 빨랐고 대단했다. 레익스는 엑셀을 '시장에 출시된 다른 스프 레드시트를 제치고 최고로 추천된 상품'이라고 표현했다. 엑셀은 출시된 직후부터 매킨토시용 스프레드시트 시장을 장악했고 로터 스, 볼랜드(Borland)를 비롯해 경쟁사가 내놓은 여러 종류의 스프 레드시트보다 훨씬 오랫동안 높은 판매 실적을 누렸다.

이미지는 바꿀 수 있다

고객과의 약속, 제품 인식, 회사 이미지는 모두 바꿀 수 있다. 단 설득력 있고
믿음이 가는 이미지를 만들어야 한다. 충분한 예산 투자와 분명한 메시지 전달
을 통해 시간이 지나도 잊혀지지 않는 이미지를 만들어야 한다.

1990년 마이크로소프트의 이미지와 마이크로소프트가 개발한
운영 시스템은 주류에서 벗어난 재미 없는 제품으로 인식되었다.
그 해 윈도우즈 3.0 출시를 준비하고 있던 홍보실과 마케팅팀은
일제히 시선을 모을 수 있는 빅 이벤트를 계획하고 있었다. 그들
이 준비한 이벤트는 '절호의 찬스—윈도우즈'라는 슬로건 아래
많은 기술 정보—필요해 보이긴 하지만 흥미를 자극하지 못하는
정보—로만 가득찬 이벤트가 될 가능성이 많았다.

이벤트가 시작되기 일 주일 전 이벤트장에서 협력업체나 PC 제
조업체의 윈도우즈 3.0에 대한 반응을 비디오로 녹화해서 검토했
다. 그런데 놀랍게도 '멋진(Wonderful)'이라는 단어가 계속 쏟아지
는 것이었다. 누가 시킨 것도 아닌데 많은 사람들이 윈도우즈 운
영 시스템을 멋있다고 표현하면서 흥분을 감추지 못하고 있었다.

그때 판매 부서 총책임자가 말했다.

"저게 바로 우리 슬로건이네요. '멋있다!' 말입니다."

두 팀은 딱딱한 기술 이미지가 느껴지는 말보다 '멋지고 흥미로운 느낌'을 강조하면서 그 안에 선전하고자 하는 특징을 충분히 담아 낼 수 있다는 판단을 내리고 단 일 주일 만에 이벤트는 윈도우즈의 '멋진' 이미지 살리는 데 총력을 기울였다. '멋진'이라는 글귀를 새긴 배지도 제작했는데 이것은 최고 히트 상품이었다. 윈도우즈 3.0을 출시한 자리에서 연사들은 기업 컴퓨팅과 함께 윈도우즈에서 제공되는 재미있는 게임도 소개했다. 락 음악까지 연주된 그 날의 하이라이트는, 단연 안경을 코 위로 올리며 '멋진데!' 하고 말하는 빌 게이츠 사장의 이미지를 컴퓨터 그래픽으로 합성한 것이었다. 물론, 마이크로소프트는 고객과 언론에게 커다란 호응을 얻었다.

사람들이 PC 운영 시스템에 흥미를 느낀다는 것을 깨달은 순간부터, 1995년에 롤링 스톤즈의 "Start Me Up"을 배경음악으로 팝 가수 마돈나의 최신 앨범 판매량과 윈도우즈 매출 실적을 비교한 광고를 내기까지, 마이크로소프트가 집중한 목표는 바로 윈도우즈를 주류 운영 시스템으로, '멋진' 소프트웨어로 만드는 것 하나였다.

100% 승리를 목표로 한 거래 :
경쟁자의 관심과 자신의 관심을 파악하라

협상이 반드시 제로섬 게임일 필요는 없다. 상대방이 원하는 것과 자신에게 필요한 것을 면밀히 조사한다면 언제나 승리할 가능성은 있다.

1993년, 출시된 지 오래된 MS-DOS용 워드에는 배당된 마케팅 예산이 거의 없었다. 그러나 그 해는 워드가 출시된 지 10년째 되는 해였기 때문에 워드팀에서는 괜찮은 홍보를 하고 싶었다. 상황이 변하긴 했지만 출시될 당시 MS-DOS용 워드는 그 시대를 이끄는 주자로 새로운 성능을 도입한 최초의 워드 프로세서였고, 다양한 플랫폼에서 사용이 가능해 전 세계 여러 언어로 번역될 만큼 의미있는 소프트웨어였기 때문이다. 그래서 우리는 최소한의 예산을 들여 최대한의 홍보 효과를 얻을 방법을 모색했다.

나는 워싱턴 D.C.에서 기업 축하 기념식 전문회사인 히스토리 팩토리(The History Factory)라는 작지만 창의성이 돋보이는 광고 회사를 찾았다. 그들과 이야기를 나누던 중 나는 우리가 예산 때문에 부담을 느끼는 반면, 히스토리 팩토리 측에서는 조금 손해

를 보더라도 유명한 '마이크로소프트'와 같이 일하고 싶어한다는
사실을 깨달았다.

히스토리 팩토리는 스미쏘니언 인스티튜션(the Smithsonian
Institution)에서 '역사적 소프트웨어 모음 전시회'를 준비하고 있
다는 사실을 알고, 마이크로소프트가 1983년 처음 출시한 MS 워
드 1.0 버전을 기증하고 동시에 보도 자료를 내는 게 어떻겠냐는
제안을 해왔다. 우리는 그 아이디어가 마음에 들었지만 역시 예
산이 문제였다.

보통 광고 회사는 최종 결과물이 아닌 작업 시간으로 비용을
청구한다. 그러나 히스토리 팩토리는 MS 워드 기부 기사를 게재
한 신문과 잡지의 매수에 따라 비용을 청구하자는 우리쪽 제안에
동의했다. 이 방법으로 우리는 예산 문제를 해결했을 뿐 아니라
적은 비용으로 최대의 효과를 거둘 수 있었다. 그 대신 우리는 히
스토리 팩토리의 작업이 만족스러울 경우 다른 회사에 추천해 주
고 고객 명단에 마이크로소프트라는 이름을 포함시켜도 좋다고
약속했다.

히스토리 팩토리의 작업은 훌륭했고 MS 워드와 스미쏘니언 인
스티튜션 기사는 뉴욕 타임즈 일요일판을 포함해 총 오십 개 이
상의 신문과 잡지에 보도되었다. 그 후 이 년 동안 나는 새 고객
에게 히스토리 팩토리를 추천해 주었다.

히스토리 팩토리로서는 포춘(Fortune)지 선정 상위 100대 기업
에 속하는 회사를 고객 명단에 포함시키고 추천까지 받을 수 있
었기 때문에 벌어들인 수익보다 훨씬 가치있는 투자였던 셈이다.

밖으로 나가 직접 부딪쳐라

사무실에 앉아 생각만 해서는 안 된다. 제품을 선전하거나 아이디어를 제안하
려면 목표한 고객에게 가서 직접 보여 주어라. 부족한 점이 있어도 솔직하게
인정하는 모습은 오히려 보기 좋다. '완벽한 것은 아니지만 이렇게 하면 성공
할 수 있습니다'고 말한 후 상대방의 반응을 살피고 바로 그 시점에서 시작하
는 것이다. 조금씩, 그리고 끊임없이 공격의 강도를 높이는 방법이 때로는 최
선의 방법일 수도 있다.

워드팀의 프로그래머들은 '우선 가능하게 만들고, 그 다음에
쉽게 만든다'는 말을 농담 삼아 한다. 새로운 기능을 워드에 추가
하더라도 수천 명의 사용자가 손에 익을 정도로 충분히 사용한
후 개선할 점을 제안하고 프로그래머들이 그 의견을 반영할 때까
지는 완성된 형태로 볼 수 없다는 뜻이다. 사무실 안에서 짜낸 계
획이 아무리 우수하다 해도 실제 생활을 통해 검증된 것만 못하
기 때문이다.

마이크로소프트의 사무용 윈도우즈는 컴퓨터 네트워킹에 기초
한 제품이다. 이 운영 프로그램은 비즈니스에서 흔히 겪게 되는
곤란한 문제를 얼마간 해결하긴 했지만 모두가 만족할 만한 수준
은 아니었다. 그러나 마이크로소프트는 모든 문제를 해결할 때까
지 제품 출시를 늦추는 것보다 먼저 시장에 내놓고 사용자가 미

흡한 부분을 사용하며 겪는 어려움을 지원해 주는 동시에 사용자로부터 해결해야 할 문제가 무엇인지, 어떤 기능부터 먼저 추가해야 하는지 등의 의견을 수집하는 방법을 선택했다. 이 방법은 다음 버전뿐 아니라 윈도우즈 95에도 똑같이 적용되었고 마침내 컴퓨터 네트워킹을 놀랄 정도로 향상시키는 훌륭한 결실을 맺었다.

이런 검증 절차는 작은 규모에도 효과적으로 이용된다. 두 명의 마케팅 팀장이 일천 명에 달하는 마이크로소프트 판매 사원을 대상으로 프리젠테이션을 해 달라는 요청을 받았다. 한 명은 개요서를 작성한 후 상사에게 검토를 요청해 요점이 빗나가지 않았는지 확인하고 필요한 경우 방향을 수정했다. 그리고 프리젠테이션 초안을 작성한 후 다시 판매부의 동료들에게 보여 주어 판매 사원에게 필요한 정보를 제대로 파악하고 있는지 확인을 받았다. 동료들은 프리젠테이션이 괜찮긴 하지만 부수적인 데이터를 빼고 대신 참석자의 관심을 지속적으로 끌 수 있는 흥미로운 이야기를 넣으면 어떻겠냐는 제안을 했다. 회의 시간이 꽤 긴 것을 생각한다면 괜찮은 생각 같았다. 그는 이런 식으로 여러 차례의 수정 작업을 거친 후 최종 보고서를 작성해 회의 주최자에게 보냈다. 다른 팀으로 정보가 새는 것을 막기 위해서였다. 결과는 물론 만족스러웠다. 그러나 또 다른 한 명은 아무에게도 의견을 물어보지 않고 자신이 전달하고자 하는 내용만 정리해 프리젠테이션을 준비했다. 그러나 그가 전달하고자 하는 내용은 참석자의 흥미를 끌지 못해 결국 실패로 끝나고 말았다.

내기는 크게

사업의 성패를 좌우하는 프로젝트라면 최고의 인력과 최대한의 예산을 투자하라. 중요한 몇 가지 일에 초점을 맞춰라. 자그마한 일들에 노력을 분산시키면 어느 하나에도 충분한 자원을 투자하지 못하고 성공으로 이어질 만한 여세를 몰아줄 수 없어 결국 용두사미로 끝나기 쉽다.

1990년대 초 마이크로소프트는 윈도우즈용 워드와 엑셀 개발에 수백만 달러의 예산과 최고급 프로그래머들을 투자했다. 이것은 윈도우즈가 컴퓨터 사용자들 사이에서 인기를 얻기 훨씬 전이었다. 지금이야 당연히 워드와 엑셀 제품에 예산과 최고 프로그래머를 집중시키고, 그런 지원을 끊으면 당장 커다란 위험에 직면하게 될 것이라고 생각하지만 당시는 워드퍼펙트와 로터스가 큰 산맥을 이루며 시장을 독점하고 있었기 때문에 그 중요도가 훨씬 덜했다. 그런 상황에서 새 운영 시스템이 실패할 경우 마이크로소프트가 커다란 곤경에 처하게 될 것은 불을 보듯 뻔했다.

"그때 윈도우즈가 실패했다면 오늘날의 마이크로소프트는 존재하지 않았을 겁니다. 정말 대단한 내기였다고 할 수 있죠."

한 관리자의 말이다.

마이크로소프트는 1995년과 1996년에 다시 한 번 일대일전의 내기를 걸었다. 이번 상대는 인터넷이었다. 인터넷 부서가 조직되고 사내 모든 제품 계획에 인터넷을 포함시켰다. 많은 사람들이 WWW의 미래에 대해 불안한 생각을 갖고 있었지만 마이크로소프트는 성공을 확신하고 있었다. 믿기 어렵다면 여기 증거가 있다. 마이크로소프트는 WWW을 위한 기술과 내용 개발에 집중하기 위해, 백만 명 이상의 이용자를 확보하고 있던 MS 온라인서비스를 폐기하고 인터넷 사이트로 재조직했으며 온라인 서비스와는 비교도 안될 정도의 거대한 예산을 투자한 것이다.

'빌 게이츠 사장은 인터넷 사업을 '골드 러시'에 비유했지요. 진짜 승리자는 금광을 찾은 사람이 될지 아니면 광부들에게 체를 파는 사람이 될지 아무도 알 수가 없었으니까요. 그렇지만 진짜 승리자가 탄생할 때 우린 반드시 그 자리에 있을 거라고 믿었죠."

인터넷 무역 비즈니스 개발팀장인 제프 씨엘의 말이다.

빅 이벤트는 훌륭한 데드라인이 될 수 있다

임박한 예산 제출 마감일, 연중 최고의 성수기, 경쟁사의 새 마케팅 캠페인 등
심하지 않은 외부 압력은 오히려 목표를 명확히 하고 집중하게 만드는 자극이
되어 훌륭한 계획 수립에 도움이 된다.

1995년 가을, 언론과 고객들 눈에 비친 마이크로소프트는 급부
상하고 있는 인터넷 시장에 대비한 전략을 세우지 못할 뿐 아니
라 아예 뛰어들 생각도 없는 것처럼 보였다. 사실 어느 정도는 옳
은 말이기도 했다. 명확한 전략도 계획도 없었다. 그때 마이크로
소프트는 그 해 12월 중 하루를 '인터넷 전략의 날'로 정해 오백
명에 달하는 유력한 언론인을 모아 놓고 마이크로소프트의 인터
넷 계획을 소개하고 설명할 계획을 세웠다. 이 계획이 세워지자
모든 부서는 서둘러 사업 방향을 변경하고 그에 기초한 전략 구
상과 구체적인 제품 계획서를 마련해야 했다.

언론의 집요함을 익히 알고 있던 마이크로소프티들은 모든 사
안을 철저하게 검토하고 어떤 반격도 막아낼 수 있는 완벽한 답
변을 준비해야 했다. 분명한 목표나 계획이 없다면 나름대로 편

하게 지낼 수 있겠지만 외부의 초대 손님과 데드라인이 정해지자 정신이 번쩍 들 수밖에 없었다.

드디어 결전의 날이 왔고 장시간에 걸친 회의에서 마이크로소 프트는 완벽한 전략, 사업 방향, 목표, 당면 문제 및 계획을 발표 했다. 언론의 태도는 그야말로 180도로 급변했다. 그 날부터 언 론은 마이크로소프트의 실패 여부가 아니라 인터넷 시장 장악 가 능성에 초점을 맞추었다. 그리고 그 날 제시된 계획은 모든 부서 에 진격 명령과 같은 역할을 했다.

빅 이벤트는 종류를 막론하고 훌륭한 데드라인 역할을 한다. 마이크로소프트가 윈도우즈 추가 기기 제작 협력업체를 위해 '개 발자의 날'을 계획했을 때 담당 부서는 그들에게 필요한 기술, 연 수 및 기타 지원 자료를 데드라인에 맞춰 개발해야 했다. 소프트 웨어 상점의 휴일 배달 시간을 맞추기 위해 CD-ROM 팀은 새 제 품 완성에 초점을 맞췄고, 전 세계 150명의 자회사 관리자들이 미국 본사로 올 예정이었을 때 데스크탑 - 응용 프로그램팀은 그 해의 마케팅 계획을 완성할 수 있었다.

사원들에게 이익의 일부를 나눠 주어라

마이크로소프티는 '황금 수갑'을 차고 있다. 이는 해마다 사원들에게 주어지는 주식 매입 선택권을 말하는데, 마이크로소프트의 주식을 모든 사원이 나누어 갖는 것이다. 최고 간부에서 말단 사원에 이르기까지 좋든 싫든 모두가 마이크로소프트의 재산을 나누어 가진다. 이 제도는 사원뿐 아니라 회사에도 엄청난 혜택을 가져왔다.

모든 마이크로소프티는 회사의 부분 소유자이기 때문에 주가 변동에 주의를 기울이며 주가에 영향을 줄 수 있는 사내외 상황에 관심을 가지고 있다. 따라서 다른 회사와 달리 자신이 속한 분야가 아니더라도 다방면의 지식을 가지고 있는 경우를 흔히 볼 수 있다. 한 예로, IBM의 컴퓨터 본체 부서에서 근무하는 내 친구는 OS/2가 무엇인지 잘 모른다. 그러나 마이크로소프티는 다르다. 어느 부서가 회사의 주요 수익을 올리는지, 그 부서의 최근 광고는 어땠는지, 마이크로소프트의 온라인 서비스에 최근 어떤 변화가 생겼는지 자세히 파악하고 있다. 사원이 회사에서 일어나는 일에 대해 잘 알고 있다는 것은 자신이 속한 분야에서 보다 훌륭한 결정을 내릴 수 있다는 의미이기도 하다. 다른 부서의 전략적 변화를 알고 있는 마케팅 담당자는 자기 부서에서 제품 계획을 세울 때 그 변화를 고려하게 된다.

마이크로소프티는 중요한 결정을 내릴 때 회사의 이익을 염두에 두며, 업무를 완수하기 위해서라면 야근도 마다하지 않을 정도로 애사심이 강하다. 다른 부서의 업무를 부탁받은 경우에도 남 좋은 일 시킨다는 생각은 하지 않는다. 바로 회사를 위해서, 궁극적으로는 자신을 위해서 하는 일이기 때문이다.

따라서 마이크로소프티는 짜증스럽고 재미없는 업무도 다른 회사 직원들에 비해 오래 견디는 편이다. 회사의 이익이 곧 자신의 이익이므로 충성심이 우러나는 것이다. 창업주 빌 게이츠 사장이 억만장자라고 하지만 마이크로소프트와 함께 한 그의 동료는 말할 것도 없고 입사한 지 몇 년 안 되는 MBA 사원들도 다른 동창들과 비교하면 상당한 부자라 할 수 있다. 직업 충족감, 전문직에 종사한다는 자신감, 기회에 대한 도전 등의 미사여구가 넘쳐나는 첨단 21세기라지만 아직도 사람들 대부분은 돈을 벌기 위해서 일한다는 사실을 잊지 말아야 한다.

MS 유능한 사원이 되기 위해 필요한 모든 것

나는 마이크로소프트에서 배웠다

누구나 뛰어나고 싶어한다. 적어도 이 책을 읽는 사람이라면 그렇다. 그러나 뛰어난 업무 처리란 예정과 예산에 딱 맞춰 진행되는 걸 의미하는 건 아니다. 정말 돋보이는 일을 하려면 전체 낱말 맞추기에서 각각의 조각이 어떤 영향력을 미치는지 알아야 하듯이 자신의 책임 범위를 넘어서까지 생각할 필요가 있다. 과도한 업무량에 지치거나 힘든 상관을 만나 힘들 때 등 어떤 일이라도 문제가 있다면 넋 놓고 있지 말고 문제를 해결할 방법을 생각하라.

엘리베이터 테스트

자기 회사의 제품이나 서비스에 대해서라면 모르는 게 없어야 한다. 장점이 무엇이고 단점은 무엇인가? 고객들은 어떻게 받아들일까? 경쟁사 제품과 비교해 어떤가? 그리고 자랑할 방법도 알고 있어야 한다.

마이크로소프트의 마케팅팀과 판매팀은 30초라는 짧은 시간 안에 제품의 장점과 시장 출시 현황을 설득력있게 설명할 수 있어야 한다. 이것이 바로 '엘리베이터 테스트'다. 만약 엘리베이터에서 포춘(Fortune)지 선정 500대 기업의 회장을 만나 회사 제품을 선전해야 한다면 과연 엘리베이터에 타고 있는 짧은 시간 안에 제품의 핵심을 설득력있게 전달할 수 있을까를 전제로 대비하는 것이다.

제품을 효율적으로 선전하려면 기본적인 특징과 장점 이상의 지식이 필요하다. 제품의 기술적 측면을 아는 것도 도움이 된다. 철저하기로 이름난 한 제품 디자이너는 영화를 볼 때마다 화면에 사용된 서체(pont)부터 확인한다고 한다. 극장에서 '저 서체는 교과서체야.' 하고 부인에게 속삭이면 부인은 늘 그의 옆구리를 쿡

찌른다고 한다.

전문가에 버금갈 정도로 제품의 특징, 장점, 사용 방법을 숙지하고 있다면 공식적인 상황은 물론 비공식적인 상황에서도 긴요하게 이용할 수 있다. 한 마케팅 담당자는 시카고 오헤어 공항에서 비행기를 기다리는 동안 노트북으로 윈도우즈 95를 시연해 보였는데 그의 주위에는 스무 명 이상의 사람들이 모였다고 한다. 또 다른 사원은 과학 박물관에서 야외 수업을 하는 초등학교 3학년들을 대상으로 멀티미디어 공룡을 보여 주기도 했다.

우리 고객과 경쟁사의 고객

고객을 연구하라. 그들은 누구이며 어떤 제품과 서비스를 원하는가? 우리 제품
은 그들의 필요를 충족시키는가? 어떤 이유로 우리 제품을 구입하고 또 고집
하는가?

워드팀의 제품 디자이너 에릭 르바인은 고객 조사 분야에서 마이크로소프티의 전형적인 모습을 보여 준다. 1994년 에릭은 수익률이 높은 법률 워드 프로세서 시장에서 워드의 시장을 넓히기 위한 프로젝트를 맡았다. 그의 구체적인 업무는 변호사들이 언제, 어떻게, 왜 문서를 작성하는지 파악하고, 워드의 어떤 기능을 향상시키면 그들이 마이크로소프트 제품을 사용하게 될지를 알아내는 것이었다.

그는 미국 전역의 주요 도시 아홉 곳에 있는 서른다섯 개 법률 회사를 직접 방문했다. 영국 회사들과는 화상 회의를 진행하기도 했다. 그는 참을성있게 변호사들이 털어놓는 불만과 문서 전환, 단락 계산, 문서 비교, 연방 법원 양식 작성 등 필요한 기능에 대한 설명을 경청했다. 그리고 수백 개에 달하는 샘플 문서를 수집

해 면밀히 분석했다. 결과는 어땠을까? 그는 워드의 법률 시장 공략을 위한 개선 방향을 조직적으로 정리한 이십 쪽에 달하는 보고서를 제출했다.

"이제 변호사들은 워드라면 껌벅 넘어갈 겁니다. "

그는 자신있게 말했고 그 후 실제로 수많은 법률 회사가 워드를 사용하기 시작했다.

마이크로소프트의 새 제품 기획안에는 놀라울 정도로 자세하게 목표 고객을 분석하고 있다. 구매 방법, 구매 이유, 고객 만족도, 미래 제품에 대해 바라는 점 등을 파악하기 위해 언제나 철저한 제품 조사를 실시하고 있다. 고객 업체가 마이크로소프트의 전략이나 제품 설명을 듣기 위해 중역 브리핑 센터를 방문할 경우, 담당 사원은 그 업체의 기술적 환경, 관심 및 기업의 역사를 꼼꼼이 문서로 정리해 고객의 요구에 보다 적합한 프리젠테이션을 준비한다.

한편, 잠재고객과, 그들을 고객으로 확보하지 못하는 이유를 분석하는 것도 중요하다. 1992년 마이크로소프트는 워드퍼펙트 사용자를 분석하기 시작했다. 당시 워드퍼펙트는 십억 달러의 워드 프로세서 시장을 장악하고 있는 제품이었다. 워드퍼펙트 사용자는 어떤 점을 좋아하는 것일까? 무엇 때문에 마이크로소프트의 워드가 아니라 워드퍼펙트를 선택했을까? 그들에게 우리의 워드를 사용하도록 설득할 수 있을까? 이처럼 마이크로소프티는 스스로에게 질문했다.

조사 결과, 워드퍼펙트 사용자는 사용하기 쉽고, 포맷이나 맞춤법 교정 같은 일반적인 작업을 빠르고 간단하게 실행할 수 있는 워드 프로세서를 원했다. 그리고 새 워드 프로세서로 바꿀 경우 배우기도 쉽고 지금까지 워드퍼펙트로 작업한 파일까지 읽을 수 있는 기능을 원했다. 문서 호환이 불가능하다면 모든 문서를 다시 입력해야 하기 때문이다.

이 조사에 기초해 워드팀은 그들의 요구를 충족시킬 수 있다는 확신을 갖고 코카콜라를 뒤쫓는 펩시처럼 '워드 결투'라는 기획사업을 마련해 전국의 사용자들이 워드와 워드퍼펙트를 비교할 수 있는 일종의 시연장을 만들었다. 또한 수백만 달러의 예산을 투입해 대규모 마케팅 캠페인에 착수했다. 마이크로소프트로서는 처음으로 경쟁사 고객을 목표로 한 캠페인이었다. '열 명의 워드퍼펙트 사용자 가운데 여덟 명이 MS 워드를 선호합니다'라는 광고 헤드라인으로 먼저 도전장을 낸 후 워드팀이 발견한 워드퍼펙트의 '결점'을 집중 부각시켰다. 워드퍼펙트 사용자에게 우편 광고물을 보내고 집에서 비교 사용할 수 있도록 양사의 샘플까지 제공했다. 판매 사원들은 잠재고객을 직접 찾아가 두 제품을 일 대 일로 비교 설명했다. 이렇게 여섯 달 동안의 치열한 캠페인을 진행한 결과 수만 명의 워드퍼펙트 사용자가 MS 워드를 선택했다. 마이크로소프트는 '잠재고객'이라는 중요한 부분을 철저하게 분석함으로써 가장 성공적인 마케팅 프로그램을 만들어낸 것이다.

SWOT 팀

경쟁자가 있다면 어떻게 할 것인가? 자신이 경쟁사의 전략 연구팀이라고 생각하고 그들의 제품 계획을 기획해 보라. 경쟁자의 입장이 되어 그들의 생각을 먼저 읽으라는 말이다. 예상이 맞고 틀리고와 관계없이 이러한 훈련을 통해 앞으로 직면할 수 있는 여러 가지 상황에 대비할 수 있다.

마이크로소프트의 제품 관리자들은 경쟁사 분석을 자주 한다. 여기서 사용되는 분석 방법이 'SWOT'이다. SWOT이란 강점 (Strengths), 약점(Weaknesses), 기회(Opportunities), 위협(Threats) 이라는 뜻이다. 강점과 약점은 특허받은 기술이나 거대한 현금 보유량과 같은 기업 내부 요인이고, 기회와 위협은 굳건한 고객 층이나 기술의 변화 등의 외부 요인이다. 이 SWOT 분석을 이용해 경쟁사의 제품, 고객, 현금 흐름, 마케팅 프로그램, 유통 구조, 경쟁 관계, 관리 체계를 면밀히 검토해 차후 전략을 예상하고 그에 맞는 대응책을 강구하는 것이다.

마이크로소프트는 로터스가 스마트수트 오피스 소프트웨어를 개발했을 때 '함께 일한다'는 메시지를 강력하게 부각시킬 것이라 예상하고 대응책을 마련했는데 그 예상은 적중했다. 그러나 완전히 빗나갈 때도 있다. 윙제트(WingZ) 스프레드시트가 매킨토시에서 엑셀을 따라잡을 거라고 예측했지만 빗나갔고, 강력한 썬 워크스테이션이 가격을 대폭 인하해 비즈니스 분야에서 PC를 대신할 거라는 우려도 틀렸다. 그러나 한 가지 변하지 않는 점이 있다면, 경쟁사 제품의 시장 점유율이 10 퍼센트, 아니 8 퍼센트에 지나지 않더라도 마이크로소프트는 '경쟁사의 입장'에서 사고한다는 것이다.

보통 네 명에서 여섯 명으로 이루어진 'SWOT 타격팀' 회의 참석자는 경쟁사에 대해 알고 있는 것을 전부 목록으로 정리한 다음 토론을 진행하고 조사가 더 필요한 부분을 정한다. 그리고 연간 재정 보고서와 신문 기사를 꼼꼼히 조사하거나 경쟁사 제품을 비교 시험하는 방법으로 경쟁사의 움직임에 대한 구체적인 실마리를 찾기 위한 노력이 시작된다.

이 과정이 끝나면 또 한 차례의 토론을 진행하고 경쟁사의 관리팀 입장에서 준비한 목표, 제품 기획안, 마케팅 아이디어에 기초해 사업 계획을 작성한다.

마지막 단계는 각 시나리오에 대비한 마이크로소프트의 대응책 마련이다. SWOT 팀에서 준비한 분석과 보고서는 상위팀 또는 상급자에게 서면이나 개인적으로 전달된다.

업무를 속속들이 알고 있어야 한다

고객, 제품, 경쟁사의 모든 것을 숙지하고 있어야 한다. 어느 곳에 초점을 맞추어야 할지를 알 때 개인의 탁월함은 빛을 발하기 시작한다. 일 속에 자신을 묻고 이용 가능한 모든 수단을 충분히 익혀라. 마이크로소프트의 관리자에게 이 것만큼 중요한 것은 없다.

1989년 워드 사업부 부장이었던 제프 레익스는 경쟁사인 워드 퍼펙트 팀장 피트 피터슨의 가족 사진을 책상 위에 놓아두고 사진 속 일곱 아이들의 이름과 생일을 모두 암기했다. 일부는 지금까지도 기억한다고 한다. 그는 경쟁을 진지하게 받아들였고 팀 역시 그에 따르려고 노력했다.

레익스 부장은 각 팀의 제품 관리자들이라면 시장 조사와 판매 사항을 파악하고 있어야 한다 생각하고, 부하 직원의 사무실에 불쑥 나타나 '이번 달 아카데미판 PC 워드의 판매 실적은 어떻게 되나?', '3.5인치 디스크와 5.25인치 디스크의 사용 비율은 어떤가?' 등의 질문을 퍼붓는 간접적인 강제 수단(?)을 사용했다.

그 덕분에 제품 관리자들은 워드 사업에 대해 누구보다 빨리 파악할 수 있었다. 일단 이렇게 다양한 최신 자료로 무장을 하고 나면 시장 흐름을 감지하게 되고 중요한 상황에서 보다 바람직한 결정을 내릴 수 있었다. 또한 우리의 생각을 충분히 변호할 수 있었기 때문에 상사가 예고없이 나타나더라도 만족할 만한 대답을 할 자신이 있었다. 모든 관리자가 제프 레익스 부장처럼 치밀하진 않지만 마이크로소프트에는 즉시 대답해야 하는 문답이 어디서나 있고 그런 식으로 직원들이 자신이 맡은 업무를 파악하도록 훈련시키고 있다. 경쟁자의 가족까지 파악하라는 요구는 없다 하더라도 자신이 맡은 일에 대해 많이 알고 있을수록 뛰어난 능력을 발휘할 수 있음은 두말 할 필요도 없다.

상사가 질문할 내용을 미리 파악하라

동료나 상사 앞에서 공개적으로 곤혹을 치르느니 시간이 있을 때 차분히 부족
한 부분을 채워 가는 게 낫다.

웹 사이트팀에서 일하던 내 친구 던은 추가 예산 편성을 요구
했다. 그런데 관리자팀에서 그의 요구를 별로 중요하게 생각하지
않았다. 한 관리자가 던에게 물었다.

"자네가 말한 웹 사이트 성장 계획은 지나치게 적극적이라는
느낌이 드는데, 어떤 근거에서 웹 사이트 사용자가 급증할 거라
고 생각하는가?"

던이 대답했다.

"매트릭스 정보 디렉토리 서비스에 의하면 1993년 초부터 1994
년 말까지 웹 사용자 수는 무려 50 퍼센트나 증가했습니다. 그리
고 지금까지도 증가 속도가 줄어들 기미는 전혀 보이지 않습니
다."

이처럼 던은 프리젠테이션이나 회의에서 제기된 질문에 차분하

게 대답했다. 그의 비결은 무엇일까? 그는 우선 업무를 완성하면 상사의 입장에서 검토를 한다. '어떤 부분에서 추가 질문이 나올까? 이 논리에 허점은 없나? 다음 질문은 어떤 정보에 기초한 것일까?' 등을 미리 생각해 두는 것이다. 그런 후 설득력 있는 대답을 마련하기 위해 필요한 조사를 진행한다.

던은 예산 편성 요구를 제출했을 때, 어떤 근거로 웹 사이트 사업이 급성장할 거라 생각하느냐는 질문을 미리 예상하고 자료를 준비했던 것이다.

마이크로소프트에서 미리 답변을 준비하는 궁극적인 이유는 빌 게이츠 회장과의 면담 때문이라 할 수 있다. 연간 수십억 달러 시장을 공략하는 대부서에서부터 작은 신생 부서에 이르기까지 모든 프로젝트팀은 진척 상황, 현재 상황, 미래의 계획 등을 빌 게이츠 회장에게 설명해야 한다. 빌 게이츠 회장은 시장 성장 계획에서부터 복잡한 신기술의 세부사항까지 모두 파악하고 있는 것으로 알려져 있기 때문에 각 팀은 회장실로 들어가기 전에 각자의 일에 대해 철저하게 숙지하는 준비 시간을 가진다. 회장으로부터 시험과 지시를 받는 일 역시 중요하지만 이런 회의의 진정한 가치는 팀원들이 사전 준비를 하면서 얻게 되는 풍부한 지식에 있는 것이다.

회사 입장에서 생각하고 결정을 내려라

광고 캠페인 방향이나 제품 출하 시기 등의 중요한 결정을 내릴 때는 회사의 입장에서 생각하라. 그리고 자기 부서에서 내린 결정이 다른 부서에 미칠 수 있는 파급 효과에 대해 미리 검토하고 스스로 자문하라. 내가 회사의 사장이라면 어떻게 할까? 사원들이 어떻게 하기를 바랄까? 언제나 자신의 책임 범위를 넘어 외부에 미칠 수 있는 충격까지 고려하는 자세가 필요하다.

마이크로소프트의 제품 가운데에는 네 가지 비즈니스 소프트웨어를 하나로 묶은 패키지 상품 '마이크로소프트 오피스'가 있다. 몇 년 전까지만 해도 사용자들은 워드 프로세서, 스프레드시트 등 한 가지씩 따로따로 구입해야 했는데, 이것들을 하나의 패키지로 묶은 것이다. 이 패키지 제품의 판매가 여세를 몰아가기 시작하자 개별 제품 부서는 광고, 우편 광고물, 마케팅 등을 고려해 힘든 결정을 내려야 했다. 즉, 판매량을 최대화하기 위한 계획을 각 부서별로 세우고 부서 나름대로의 방법을 모색할 수도 있었지만 개별 상품의 판매보다 패키지 상품으로 한꺼번에 판매하는 것이 회사에 더 큰 이익을 가져올 것이라는 판단을 내린 것이다. 개별 부서의 입장에서 보면 전체적인 통제력과 예산에서 거대한 손실을 가져오는 일이었지만 부서들은 함께 모여 오피스 패키지 판매를 위해 통합 마케팅 메시지와 광고를 기획했다.

처음 한동안은 개별 제품의 판매가 부진했지만 결국 오피스의 추가 판매와 사용자 증가로 곧 부족분을 채우고도 남을 만큼 판매 실적이 늘어났다. 결국 마이크로소프트 오피스는 가장 인기있는 제품으로, 구성 제품인 워드, 엑셀, 파워포인트의 판매를 각 분야 최고 수준으로 상승시키는 결과를 낳은 것이다.

마이크로소프트에서는 아무리 중요한 제품이라 하더라도 전략적으로 필요한 경우 다른 제품에 기꺼이 양보한다. 1995년 가을, 수십억 달러의 예산이 투입된 오피스 95를 출시할 때 오피스 95팀은 윈도우즈 95팀의 대대적인 마케팅 전략에 맞서 경쟁하기 보다는 수동적인 자세를 취하기로 결정했다. 개별적으로 마케팅 캠페인을 펼쳐 결국 제 살 깎기 경쟁을 벌이기보다 윈도우즈 95의 광고에 집중하고 그 파급 효과를 누리는 것이 회사 입장에서 더 유리하다고 생각한 것이다. 따라서 오피스팀은 윈도우즈 95 디자인과 비슷하게 푸른색 바탕에 흰 구름 모양으로 포장을 디자인하여 제품을 따로 출시하지 않고 윈도우즈 95 제품 출시의 일부로 선전하는 등 윈도우즈 95와의 호환성을 집중 광고했다. 그 결과 고객에게 통일된 메시지를 전할 수 있었고 오피스팀은 개별 행동을 취했을 경우보다 마케팅 비용을 상당히 줄이면서 예상 판매 실적을 달성했다.

규모는 작지만 위와 비슷한 판단을 내려야 할 때가 있다. CD-ROM 분야에서 가장 높은 인기를 누리고 있는 공룡과 악기 CD-ROM 팀은 CD를 홈 PC와 함께 번들로 판매하기 위해 컴퓨터 제조업체에 믿기지 않을 정도로 낮은 가격에 판매한다. 고객에게 높은 품질의 마이크로소프트 제품을 사용하게 만들어 반응을 얻는 것이 후에 정가로 판매될 다른 CD-ROM의 매상을 증가시키는 방법이라고 판단한 것이다. 회사 전체의 이익을 단일 제품의 수익성보다 더 중요하게 생각한 예라 할 수 있다.

현명하게 일하라
시간 투자가 능사는 아니다

읽지 않은 메모, 끝없는 전화, 넘쳐나는 업무, 꽉 짜여진 회의 스케줄 — 그러나 먼저 해야 할 일을 조직화한다면 무엇이든 해 낼 수 있다. 길게 끌지 말고 현명하게 일하면 된다. 필요 없는 회의는 생략하라. 특별히 요구되는 상황이 아니면 완벽주의자가 되려고 하지 말라. 정말 중요한 일에만 최선을 다하라.

윈도우즈 NT 부사장인 리치 통은 매일 아침 출근하자마자 그날 할 일 세 가지를 적는다. 물론 세 가지 이상을 할 수 있으면 더할 나위 없이 좋을 것이다. 하지만 이 세 가지 목록은 지난 7년 동안 그가 '소방 호스로 물먹기'에 비유한 엄청난 양의 업무량 가운데에서 중요한 일부터 처리하는 데 많은 도움이 되었다.

그룹 부사장 피트 히긴스는 백 명의 마케팅 사원을 모아 놓고 말했다.

"여러분이 정한 목표, 해야 할 일을 한 번 살펴보십시오. 정말 길게 보일 겁니다. 아니, 사실 깁니다. 그렇지만 가장 중요하고 급한 한두 가지 일을 제대로 처리한다면 무리 없이 해 나갈 수 있습니다."

그는 사원들에게 같은 돈을 들여서 최대한의 효과를 낼 수 있는 일, 사업에 가장 큰 영향을 주는 일을 최우선시하라고 말한다.

모든 간부는 잡다한 일 가운데에서 핵심적인 일을 가려내 그곳에 시간과 노력을 집중하는 것이 얼마나 중요한지를 알고 있다. 그리고 하지 않기로 결정한 일에도 자부심을 갖는다. 한 예로, 마이크로소프트의 제품 개발 계획서에는 그 제품에 포함하지 않기로 결정한 특징과 그 이유가 상세히 담겨 있다. 관리자들은 자신이 제외시킨 회의나 업무에 자부심을 느끼며 자신들은 중요한 일에만 집중한다는 사실을 일부러 부각시키기도 한다.

'잘 모르겠다'고 인정하는 것은 괜찮다
'알아보겠다'는 말과 함께라면…

곤란한 문제에 부딪쳤을 때 '잘 모르겠지만, 알아보겠습니다'는 한 마디가 확실히 모르는 내용을 부풀려 얘기하는 것보다 안전하다. 누구나 모든 것을 알고 있을 수는 없다. 그리고 정직함이 때로 예상하지 못한 커다란 이익을 가져다주기도 한다. '잘 모르겠지만, 알아보겠습니다'는 말은 정직함과 힘든 문제에 부딪쳐도 기죽지 않는 패기를 보여 줄 뿐 아니라, 해답을 찾아냈을 때는 그만큼 능력이 있다는 것을 의미하기 때문이다.

마이크로소프트의 제품 관리자가 겪은 가장 끔찍한 상황을 말하라면 아마 다음 예를 들 수 있을 것이다.

무역 박람회에 개설한 부스에서 한 관리자가 모여든 고객들에게 제품 설명을 하고 있다. 자세히 보니 기업 고객뿐 아니라 기자들까지 포함해 꽤 많은 사람들이 모였다. 그때 한 사람이 질문을 한다.

"저 질문이 있는데요."

관리자는 일순 긴장한다. 제발 답할 수 있는 질문이기만 바란다.

"제 스왑 파일에 쓸 RAM 디스크를 만들려고 하거든요. 그런데 리얼 모드 TCP/IP 스택을 실행할 수 있는 메모리가 충분한데도 이상하게 말을 듣지 않아요. 뭐가 잘못된 건가요?"

도저히 무슨 말인지 알아들을 수가 없다. 사실 그 사람이 말한 용어도 제대로 알아듣지 못했다. 게다가 설상가상으로 상사가 박람회를 둘러보다 부스로 다가와 군중 뒷편에 서는 것이다.

"음……. 컴퓨터를 직접 보지 않고는 말하기가 곤란하군요. 제…제품 지원부에 연락은 해 봤나요?"

말까지 더듬거리기 시작한다.

"아니오. 오늘 박람회가 있다기에 어차피 올 생각이었으니까 제품 관리자에게 직접 들으면 되겠다고 생각했거든요. 당신이 책임자 맞죠?"

관리자는 침을 꿀꺽 삼킨다. 군중들은 피 냄새를 맡고 한 발짝 더 다가선다.

그러나, 이 시점이 바로 이 악몽을 끝내고 상황을 반전시킬 수 있는 순간이다.

"지금은 대답해 드릴 수가 없군요. 명함을 주시면 사무실로 돌아가서 담당자에게 직접 전화하라고 하겠습니다."

그러나 그 사람은 별로 믿기지 않는 눈치다.

"여기 제 명함을 드리겠습니다. 혹시 연락을 하고 싶으시면 해 주십시오."

이렇게 말함으로써, 고객의 명함을 받아 쓰레기통에 던져 버릴 것이라는 의심을 물리친다. 군중들은 다시 뒤로 조금 물러선다. 상사가 다음 부스 쪽으로 걸어가는 모습이 눈가로 보인다.

모든 것을 알고 있는 사람은 없다. 어느 순간에 튀어나올지 모르는 모호한 질문에 완벽한 대답을 못 하는 것은 괜찮다. 단, 답을 찾겠다는 약속을 하고 이후에 답을 얻는다면 말이다.

물론 대답을 못 해 쩔쩔매는 상황에 처하지 않으려면 사전에 질문 내용을 파악하고 답까지 준비해야 한다. 마이크로소프티는 정기적으로 무역 박람회, 경쟁사와의 경연 대회, 기자 회견을 갖는다. 그때마다 자신에게 던져질 까다로운 질문과 그에 대한 최선의 답변을 요약한 '무례한 Q&A' 개요서를 준비하는 것이 필수적인 절차이다.

"'잘 모르겠다'고 인정하는 것은 괜찮다"는 말의 의미는 '대답을 만들어 내지 말라'는 뜻이다.

PC용 제품 기획 회의에서 한 관리자가 시장 연구원에게 독일과 프랑스에 경쟁사가 진출했는지를 물었다. 질문을 받은 연구원은 잠시 생각하다 경쟁사가 없을 거라 추측하고 자신있는 목소리로 아직 진출한 회사가 없다고 대답했다. 그 말을 믿은 제품 기획팀은 유럽 시장의 규모가 크기는 하지만 아직 시간이 있다 판단하고 시장 진출 계획을 연기했다. 그러나 이 주 후 기획팀은 경쟁사가 이미 프랑스와 독일에 진출해 있다는 사실을 알게 되었다. 연구원은 자신이 잘 알고 있는 분야라 생각하고 정확한 사실을 점검하지 않았던 것이다. 그 결과 다른 질문에 대한 대답이 완벽했음에도 불구하고 그의 신뢰도는 땅에 떨어지고 말았다. 추측한 내용을 사실인 것처럼 보고했기 때문에 상사가 더 이상 그를 신뢰하지 않을 것은 당연했다. 이후 출시된 제품은 최우선으로 처리했어야 할 유럽 시장 진출 계획을 제대로 준비하지 못했을 뿐만 아니라 경쟁사를 전혀 염두에 두지 않았기 때문에 유럽에서 고전을 면치 못했다.

유머로 힘든 상황을 모면할 수 있다

누구나 당황스러운 상황에 직면하거나 실언을 하는 등 사고 능력이 일시에 정지해 버려 중요한 프리젠테이션을 망친 경험이 있을 것이다. 이럴 때에는 자기를 약간 비하하는 유머가 상황을 호전시킬 수 있다.

마이크로소프트에서 발생한 악명 높은 사건 가운데에는 한 사원이 사무실에서 경찰에 의해 수갑이 채워진 채 끌려간 일이 있다. 과속 벌금 미납 때문이었다. 그 사실은 재빨리 사내로 퍼져나갔다. 그 후 얼마 지나지 않아 회의를 진행하고 있는데 밖에서 지나가는 경찰 사이렌 소리가 들리자 그가 재치있게 한 마디 했다.

"실례합니다. 이거, 가야 되겠는데요. 절 태워가겠다고 오는군요."

그의 재치있는 말은 다시 사람들 사이에 알려졌고 오히려 그전의 좋지 못한 사건을 잊게 해 주는 계기가 되었다.

마이크로소프티는 풍자와 농담에 기꺼이 대응할 줄 안다. 매년 4월 1일 만우절에 발행되는 마이크로소프트의 사보인 《마이크로뉴스(the Micronews)》에는 회사의 프로젝트, 정책, 이벤트를 풍자한 내용이 실린다. 마이크로소프트의 온라인 잡지 《슬레이트(Slate)》가 웹 사이트에서 '스테일(Stale/상한)'이라는 이름으로 풍자되었을 때 가장 많이 웃은 사람은 바로 슬레이트 편집장이었다.

긴장을 풀자. 그럼 치열한 싸움을 숨길 수 있다

아래의 전자 우편은 워드팀 내부에서 각 기능에 적절한 이름을 정리하기 위해 열띤 토론을 벌인 후 배달된 것이다.

수신	워드 개발팀
발신	딘 하차모비치
참조	다음 워드 버전을 위한 제안

워드는 지나치게 폭력적이다. 차라리 총알이라고 부르는 게 어떨까? 어떨 때는 대마초 씨처럼 보이기도 한다. 기업체에서 이 무작위 폭력을 전문 용어라고 사용해가며 장려하지 않는다면 이 세상은 훨씬 살기 좋은 곳이 되지 않을까?

왜 '특수 붙이기'일까? '다른 기능 붙이기'라고 불러야 되는 거 아닌가?

'개체 삽입'? 이건 남자들이 고안한 게 틀림없군!

'보통' 보기는 페이지 윤곽과 개요를 오히려 보기 흉하게 만든다.

'마스터 문서' 보기? 다른 문서나 다른 보기는 노예인가? 이 기능은 식민주의적 압제의 냄새를 풍긴다.

왜 사용자에게 '단락 삽입'을 부추기는 것일까? 소프트웨어는 지금까지 사용자를 골치 아프게 해 온 마음대로 영역을 규정하는 것을 개선해야 하는 것 아닌가?

'도구 메뉴'? 도대체 누구의 도구인가? 분명 압제자의 도구일 것이다. 내가 발견한 언어는 모두 서유럽 언어라는 게 바로 그 증거이다. 전제 정권에 시달리는 사람들에게 힘을 주지 않는 이유가 무엇인가?

진짜 열심히 일하는 직원은
점심을 먹는다

마이크로소프트 관리자들은 일부 사원이 밤낮을 가리지 않고 사무실에 앉아 일에만 매달리고 있다는 사실을 알고 있다. 이들을 훌륭한 사원으로 생각하는 사람도 있겠지만 마이크로소프트의 관리자들은 필요할 때 휴식을 갖는 게 훨씬 낫다고 생각한다. 중요한 일은 사무실 밖에서 일어나는 경우가 많기 때문이다.

마이크로소프트 본사의 캠퍼스 식당들은 다양한 메뉴를 제공하고 있다. 한 관리자는 '그 덕분에 직원들이 밖으로 걸어나오게 된다'고 말한다. 캠퍼스 내에는 배구 코트, 조깅 트랙, 저렴한 헬스 클럽 회원권 등 다양한 운동을 즐길 수 있는 시설이 마련되어 있고, 심포니, 박물관, 동물원, 연극 관람 등의 행사를 후원해 사원들이 즐거운 생활을 하도록 최대한 배려하고 있다.

한 프로그래머는 이렇게 지적한다.

"사실 휴식이 필요합니다. 저만 해도 멋진 콘서트나 하이킹을 다녀오면 다음 날 새롭게 충전된 모습으로 출근하거든요. 말하자면 뇌가 재부팅된 거죠."(재부팅? 컴퓨터 전문가가 아닌 사람을 위해 설명하자면 다시 활력이 넘치기 시작했다는 말이다.)

하루 종일 사무실에 있으면 주어진 업무를 달성하는 데 효과적

일지 모른다. 그러나 유능한 사원이 되는 것은 조금 다른 문제이다. 동료들과 함께 어울리지 않으면 중요한 정보나 기회를 놓칠 수 있다. 이런 관계를 '끔찍한 네트워킹'으로 묘사하는 사람도 있지만, 어쨌든 사내에서 일어나고 있는 일을 파악하는 한 가지 방법임에는 틀림없다. 팔 년 전 마이크로소프트의 신입 사원들 몇몇이 일 주일에 한 번씩 모여서 함께 점심 식사를 하기 시작했다. 마케팅팀, 개발팀 등 각기 맡은 업무는 다양했다. 그렇게 모일 때면 많은 이야기를 주고받고 새로운 기술에 대해 토론했다. 시간이 흐르면서 그들은 각기 다른 부서로 발령을 받기도 하고 승진도 했다. 힘든 문제가 생길 때마다 서로 도와주었고 각 팀의 특종 사항을 먼저 알려 주고 또 일반적 체계로는 지나치게 오래 걸리는 일이 생기면 서로 찾아가 도움을 요청했다. 이들은 때때로 회사 밖에서 만나기도 했고 러시아로 함께 여행을 간 적도 있다. 지금 그들은 모두 마이크로소프트의 방대한 조직 속에서 부사장 또는 이사로 근무하고 있다. 그리고 횟수가 줄긴 했지만 아직도 가끔씩 점심 식사를 함께 한다. 오랜 세월 쌓아온 우정과 함께 그들이 나눈 대화와 충고는 모두를 성공의 길로 이끌어 준 중요한 밑천이었다.

창의성은 한 사람의 작품이 아니다

혼자서 하지 말라. 골치 아픈 문제에 부딪치거나 신선한 아이디어가 필요할 때 동료들의 힘을 빌려라. 예상하지 못한 훌륭한 결과를 얻게 될 것이다.

윈도우즈용 워드 디자인 책임자 딘 하차모비치 씨는 단락, 표, 그림 주위에 테두리를 만들 때 어떻게 하면 워드의 선 그리기 기능을 쉽게 사용할 수 있을까 고민하고 있었다. 며칠 동안 사무실에 앉아 혼자서 머리를 짜내던 그는 동료 한 명에게 찾아가 자신의 생각이 어떤지 물어보았다.

"사용자가 단락 주위에 테두리를 만들고 싶어한다고 생각해 봐."

그는 종이 위에다 네모 상자를 그리고 선을 그리면서 설명했다.

"음영으로 된 단락을 원할 수도 있고 아예 테두리를 하지 않을 때도 있을 거야. 게다가 원하는 선의 종류도 이렇게 다를 수 있어. 굵은 선, 가는 선, 점선, 이중 선 등등 말야."

그림을 그린 후 그는 동료에게 보여 주었다.

그의 말을 듣고 있던 동료가 말했다.

"그냥 이 그림을 보여 주면 어때? 그럼 원하는 모양에다 마우스를 클릭하기만 하면 되잖아."

그 말에 딘 하차모비치는 놀라지 않을 수 없었다.

"어? 그래, 바로 이거야. 세상에!"

일순 모든 문제를 풀 수 있는 해결책이 눈앞에 보였던 것이다. 그냥 다른 사람에게 보여 주기만 했을 뿐인데 말이다. 그 아이디어는 곧바로 채택되었다. 그 결과 복잡한 명령문을 사용할 필요가 없어지고 워드 메뉴에서 '테두리와 음영'을 선택하면 딘 하차모비치가 친구에게 보여 준 그림이 화면에 나타나는 것이다.

나의 경우, 마케팅 계획이나 경쟁사의 전략에 대한 대응책 등 아이디어를 만들어 내느라 고민할 때면 한동안 사무실에 앉아 열심히 생각하고 떠오르는 대로 적는다. 잘 안 되면 좋아하는 간식을 먹으면서 머리를 식혀 본다. 그런 후 팀원들을 사무실로 불러 편안한 분위기에서 생각나는 대로 이런 저런 이야기를 나눈다. 목적과 기본 매개를 설명하고 나면 그걸로 내 일은 끝나는 셈이다. 내 말이 끝나기 무섭게 서로 소리를 지르며 이런 저런 생각을 주고받기 시작하고 사무실은 곧 아이디어로 가득 차기 때문이다. 어떤 아이디어는 훌륭하고 어떤 것은 쓸모 없지만 내가 혼자 일할 경우나 같은 일을 개개인에게 할당할 경우보다 훨씬 좋은 결과를 얻을 수 있다. 팀원들은 서로 고무시키는 역할을 하기 때문에 언제나 훌륭한 아이디어를 내놓게 된다. 상사에게 도움을 요청 받았다는 사실이 자신의 가치를 인정 받았다는 느낌을 갖게 하기 때문이다. 그리고 훌륭한 아이디어를 제공한 사람에게는 합당한 보상을 해 주었는데, 이것은 다음 번 도움을 요청할 때 더욱 적극적으로 참여하게 만드는 데 한몫 한다.

또한 다른 부서에서 일하는 친구나 예전의 상사에게 조언을 얻기도 했다. 어떤 때는 내용을 설명하기 위해 논리적으로 문제를 정리하는 과정에서 새로운 통찰력을 얻기도 한다. '잠시 머리 좀 빌릴 수 있을까요?' 하는 질문에 대부분의 사람들은 귀찮다기 보다는 기분 좋은 반응을 보였다.

일을 포기하기 전에
다른 사람이 맡을 수 있게 하라

일을 맡을 때는 정말 해 낼 수 있는지 꼼꼼히 따져야 한다. 새 프로젝트, 지방 출장, 고객 확인 전화 등 어떤 경우라도 불가능하다면 절대 약속해서는 안 된다. 그리고 약속을 지킬 수 없을 경우라면 신속하게 도움을 요청하라.

열심히 일하다 보면 때때로 약속을 지킬 수 없는 일이 생긴다. 그럴 경우에는 어떻게 해야 할까? 일단 그 일을 'X' 라고 부르자. 우선 결정을 내려야 한다 — 'X' 가 중요한가? 만약 중요하지 않다는 결정이 나면 상사에게 다른 급한 일을 처리해야 하기 때문에 X는 할 수 없으며, 그 일을 못 한다고 해서 사업에 지장을 초래하지는 않을 거라고 설명하라. 혹 상사가 상황을 충분히 이해하지 못한다면 중요한 일부터 목록으로 정리해 보여 주어라. 그리고 상사가 이해를 했다면 그가 선택할 수 있는 경우는 다음과 같다.

• 업무의 우선 순위를 재조정해 X를 처리하고 대신 Y를 포기한다.

- X를 다른 사람에게 맡긴다.
- X를 포기하자는 의견에 동의한다. (이제 회의에서 이 문제가 거론될 경우라도 상사는 이미 X를 포기한 이유를 알고 있으므로 걱정할 필요는 없다.)

이런 방법을 통해, 상사가 X를 중요하게 생각할 경우 직면할 곤란한 입장을 미연에 방지할 수 있다. 관리자가 가장 듣기 싫어하는 대답이 바로 '예? 전, 그런 적 없는데요. 그게 중요한지도 몰랐어요.' 라는 말이기 때문이다.

다음으로, X가 중요하다는 판단이 섰을 때 취할 행동은 아래와 같다.

- 업무의 우선 순위를 재검토하여 Y를 중단하고 X를 추진할 여지를 만든다. 그런 후 상사에게 Y를 중단한 이유를 설명한다.
- X를 대신할 사람을 찾거나 Y를 대신할 사람을 찾는다. 그리고 상사에게 바뀐 업무 상황을 보고한다.

두 경우 모두 전달하고자 하는 메시지는 동일하다. 상사에게 보고도 하지 않고 작업을 대신 처리할 사람도 구하지 않은 채 그냥 포기하면 안 된다. 그렇게 몇 번 포기하다 보면 자신에게 주어진 일의 중요성이 예전에 비해 떨어지거나 상사로부터 일을 제대로 했냐는 등의 간섭과 통제를 받게 된다. 약속한 일을 제대로 처리하는 것은 자신과 상사 모두를 위하는 일이다.

경험과 직감

'전문가'가 다른 의견을 내놓더라도 자신의 직감을 따르는 용기가 필요할 때
도 있다.

나는 워드팀의 제품 관리자일 때 '세미나팀'과 함께 일한 적이
있었다. 세미나팀은 전국을 순회하며 컴퓨터 사용자에게 워드,
엑셀, 파워포인트, 프로젝트 제품을 선전하는 일을 맡고 있었는
데 그 중 내가 맡은 일은 세미나팀이 여행을 떠나기 전에 세미나
내용을 점검하고 워드의 강점을 최대한 살려 시연할 수 있도록
돕는 것이었다.

당시 우리는 세미나를 통해 새 워드 버전을 소개할 예정이었
다. 세미나에 참석하는 고객들은 기존 제품보다 새 제품에 더 많
은 관심을 가지고 있다는 조사 결과가 나왔기 때문에, 나는 세미
나 초대장에 윈도우즈용 신형 워드 버전을 부각시켜 줄 것과 세
미나에서도 워드에 더 많은 시간을 투자해 새 기능을 강조해 줄
것을 요청했다.

그러나 토론이 조금 진행되었을 때 세미나 팀장이 내 제안을 반대하고 나섰다. 모든 제품에 동등한 기회를 부여해야 기존의 엑셀이나 파워포인트의 업그레이드 버전이 출시될 때 워드팀 역시 동등한 기회를 갖게 된다는 게 이유였다. 나는 그 의견에 반대했지만 세미나라면 그녀가 전문가라는 생각에서 내 의견을 접었다.

　　그러나 세미나가 진행되는 동안 참석자들이 기존 제품보다 새 제품에 더 많은 관심을 보인다는 사실이 현실로 드러났다. 그리고 나중에 상사가 내게 어떻게 된 일이냐고 물었다. 나는 모든 제품을 똑같이 취급하는 생각에 동의하지는 않았지만 내 전문 분야가 아니었기 때문에 세미나팀의 의견을 따랐다고 솔직히 말했다. 그러자 그는 고개를 저으며 말했다.

　　"다음 번에 직감적으로 변화를 요구하면 지지 말고 더 열심히 싸우도록 해요. 스스로를 믿게나, 자넨 영리한 사람이니까. 압력을 넣고 설득하는 방법을 잘 모르겠다면 언제든지 찾아오게, 가르쳐 줄 테니. 용기를 가지라구."

　　그 해 여름 임금 조정기에 나는 보통 때보다 적은 인상률에 만족해야 했다. 하지만 그 일은 자신감을 기르기 위해 꾸준히 노력하는 계기가 되었다.

이런 실수는 하지 말자

직장에서 사교적이거나 직업적인 실수를 저지를 때가 있다. 다음은 마이크로소프트에서 내가 직접 목격한 실수이다.

- 공용 프린터에서 실적 평가서를 인쇄한 후 밤새 놓아두지 말라. 개인적으로 진행하고 있는 작업에 대한 내용도 마찬가지다.
- 사내 연애를 비밀로 하고 싶으면 아침에 연인의 집에서 상사에게 전화하지 말라. 상사가 발신자 추적 장치를 가지고 있을 수도 있으니까. 머피의 법칙은 바로 이럴 때 적용된다.
- 업무에 익숙하지 않은 여름 인턴 사원을 놀리지 말라. 고위 간부의 귀에 들어갈지도 모른다.
- 중요한 보고서 초안을 작성할 때는 최종안을 보내기 전에 삭제할 생각으로 이런 저런 비꼬는 말을 적지 말라. 그런 일이라면 특히 잘 잊어버리는 법이니까.
- 사내 친선 축구 경기에서 지나친 경쟁심을 보이지 말라. 다음

날 사무실에서 똑같은 공격을 당하게 된다.

마이크로소프트식 업무 완수

다음은 사원들이 돌려 본 전자우편으로 마이크로소프트의 일벌레 문화를 빗대어
놀린 것이다.

수신	팀원
발신	?
참조	과로 예방 및 회복

1. 솔직하게 인정하라
몸이 전하는 지혜에 귀를 기울여라. 육체적·정신적·정서적으로 분명히 드러
나는 스트레스와 압력을 솔직히 인정하라.
마이크로소프트 관점 : 육체적 고통은 물론이고 정신을 잃을 때까지 일에 몰
두하라.

2. 고립을 피하라
혼자 일해서는 안 된다. 언제나 새로운 관계를 만들고 친구와 가족간의 관계를
돈독히 하라. 친밀감은 새로운 통찰력을 가져오며 불안감과 좌절감을 예방한다.
마이크로소프트 관점 : 아무도 방해하지 못하도록 문을 닫고 아예 안에서 잠
가 버려라. 사람들은 생산성을 떨어뜨릴 기회만 노리고 있다.

3. 환경을 변화시켜라
업무, 대인 관계, 특정 상황, 또는 어떤 한 사람 때문에 힘들다면 환경을 변화시
켜라. 그리고 어쩔 수 없는 경우라면 그곳을 떠나는 것도 괜찮다.
마이크로소프트 관점 : 문제가 있어도 힘든 내색을 하면 안 된다. 힘들다는 태도
를 보이는 건 나약함을 드러내는 것이다. 커피를 더 마셔 보라. 그건 공짜니까.

4. 생활의 긴장감을 줄여라
긴장감을 가장 많이 요구하는 분야를 골라내 압력을 더는 방향으로 일하라.
마이크로소프트 관점 : 긴장감을 높여라. 최고의 긴장감은 곧 최대의 생산력이
다. 긴장을 풀고 딴 생각을 한다면 주가에 치명적인 영향을 미치게 된다.

5. 지나친 관심은 피하라
다른 사람의 문제나 책임을 자기 일처럼 도맡아 처리해 왔다면 정중하게 뒤로
물러나는 방법을 찾아라. 그리고 자신을 위해 살아라.
마이크로소프트 관점 : 언제 어디서나 모든 것을 해 내기 위해 노력하라. 당신

은 모든 일을 책임지고 있는 사람이다. 그렇게 생각하지 않는다면 자신이 맡은 업무 내용을 제대로 파악하지 못하는 게 아닐지 …….

6. "아니오"라고 말하는 법을 배워라

자신의 입장을 당당하게 말하면 긴장을 덜 수 있다. 예정에 없던 일로 시간을 빼앗기거나 감정을 소비해야 한다면 과감하게 거절하라는 뜻이다.

마이크로소프트 관점 : 어떤 경우에도 '아니오'라고 해서는 안 된다. 그것은 약한 모습을 보이는 것이며 결국 주식값만 내려간다. 오늘 자정에라도 할 수 있는 일이라면 결코 내일로 미루지 말라.

7. 한 발 뒤로 물러선 후 멀어져라

직장뿐 아니라 가정이나 친구 사이라도 다른 사람에게 일을 맡기는 방법을 터득하라. 이 경우 멀어진다는 말은 스스로를 구출한다는 뜻이다.

마이크로소프트 관점 : 다른 사람에게 일을 맡기는 건 자신의 나약함을 보여 주는 것이다. 그런 일을 스스로 용납하면 안 된다. (5번 참조)

8. 자신의 업무를 재평가하라

일시적인 업무와 지속적인 업무를 구별하라. 간단히 말해 중요한 것과 중요하지 않은 것을 가려내라는 뜻이다. 그러면 중심을 유지하면서 시간과 에너지를 절약할 수 있다.

마이크로소프트 관점 : 개인적인 문제는 이제 그만! 이것은 이기적인 발상일 뿐이다. 업무를 바꿀 때는 회의에서 밝혀 다른 사람에게 알려야 한다. 그 전에 누군가 전화해 가장 중요한 일이 무어냐고 물으면, 이 문제에 관해 언급할 입장이 아니라고 말한 후 마이크로소프트 영업부 전화번호를 알려 주어라. 그러면 영업부에서 알아서 처리할 테니까.

9. 자기 페이스를 조절하라

생활 페이스를 적절하게 조절하라. 우리는 무한한 정력을 가진 인간이 아니다. 먼저 부족하고 필요한 것이 무엇인지 정확히 파악한 후 사랑, 쾌락, 휴식을 일과 적절하게 배합해 균형잡힌 생활을 해야 한다.

마이크로소프트 관점 : 균형잡힌 생활은 로터스 마케팅팀에서 만들어 낸 신화에 불과하다. 바보처럼 굴지 말라. 중요한 게 있다면 그것은 업무의 생산성이다.

10. 자기 몸을 돌봐라

식사를 거르거나 다이어트로 몸을 상하게 하지 말라. 수면 부족을 내버려 두거나 병원 진찰 약속을 어기지도 말라. 자기 몸은 스스로 돌봐야 한다.

마이크로소프트 관점 : 신체는 정신에, 정신은 회사에 봉사한다. 마음을 몰아부치면 몸은 따라오기 마련이다. 피곤하면 사이다를 마시라. 그것도 공짜니까.

11. 걱정과 불안을 줄여라

근거 없는 걱정은 최소한으로 줄여라. 걱정을 한다고 변하는 건 없다. 앉아서 걱정하기보다 실제적인 문제를 해결하는 데 시간을 투자하면 오히려 상황을 호전시킬 수 있다.

마이크로소프트 관점 : 일 때문에 걱정하지 않는다는 건 그만큼 헌신적이지 않다는 뜻이다. 그렇다면 다른 사람을 찾아보는 수밖에 …….

12 유머 감각을 잃지 말라

생활에 기쁨과 활력을 불어넣어라. 재미가 있으면 과로를 극복할 수 있다.

마이크로소프트 관점 : 아니, 업무를 우습게 생각하는 건가? 그렇다면 당신 매니저와 금요일에 얘기를 좀 해야겠는걸. 저녁 7시에 오시오.

→   ↓

상사를 돋보이게 만들어라

직장에서 가장 바람직한 공생 관계는, 부하 직원은 상사를 스타로, 상사는 부하 직원을 최고로 키워 주는 관계이다.

한번은 우리 팀에서 단체 티셔츠를 제작했는데 앞에 '존(팀장)은 훌륭해' 라고 쓰고 뒤에는 '우리는 존을 스타로 만들 것이다' 라고 적었다. 물론 재미로 써넣은 글이었지만 우리의 업무활동이 상사를 돋보이게 만든 것만큼은 사실이었다. 상사가 뛰어나면 부하 직원도 뛰어나 보이는 법이다. 뛰어난 사람과 함께 일한다는 의미도 있지만, 새로운 도전과 기회가 생겼을 때 간부들에게도 믿고 의지할 수 있는 팀으로 보이기 때문이다.

상사에게 충분한 정보와 정확한 피드백을 제공하고 올바른 결정을 하도록 최선을 다해 지원해야 하고, 상사가 돋보이면 그 상사는 부하 직원의 업무를 상부에 보고할 때 적절한 칭찬을 섞어 긍정적인 평가를 해 주고 차후 더 중요한 업무를 맡기는 방법으로 보상하게 된다. 모두가 팀의 일부로 훌륭한 역할을 수행하는 것이다.

상사의 시간을 뺏지 말라

상사의 시간을 소중하게 생각하라. 상사가 모든 회의에 참석하고, 메모와 편지를 일일이 읽고 싶어할까? 아니면 요약된 보고만 받기를 원할까? 모든 문제에 일일이 참견해야 하는 상황을 바랄까? 아니면 긴급한 문제가 생겼을 경우에만 참견하길 바랄까?

어떤 사원은 '오 분'만 얘기할 수 있느냐고 말하며 사무실에 들어와서 한 시간을 머문다. 또는 문제나 질문의 핵심에 접근하지 못하고 배경 상황만 장황하게 늘어놓는 사원도 있다. 이 두 사람 모두 용건의 중심 내용을 충분히 생각하지 않았기 때문에 상사의 소중한 시간을 허비한 것이다.

정말 장시간 상담이 필요하다면 미리 계획을 세워라. 사전에 준비하면 혼자서도 충분히 해 낼 수 있는 일을 처음부터 상사에게 들고 가 시간을 뺏는 일은 없어야 한다.

문제가 아닌 해결책을…

문제가 생겨 상사를 찾아갈 때는 가능한 모든 대안을 준비하라.

마이크로소프트에 입사한 지 얼마 되지 않았을 때, 하는 일마다 제대로 풀리지 않는 힘든 시기가 있었다. 사람들이 내 말에 귀를 기울이지 않았기 때문에 나는 '어쩔 수 없이' 상사를 찾아가 그의 힘을 빌렸다.

이렇게 몇 번 구조를 요청하자 상사가 말했다.

"나한테 올 때는 문제가 아닌 해결책을 가지고 오게. 광고 우편물팀이 자네 아이디어를 받아들이지 않는다고 불평하지 말고 팀이 우려하는 부분까지 고려한 해결책을 세 가지 정도 연구해 보란 말이네. 그리고 그 중 하나를 선택하기로 했다면 왜 두 가지 아이디어는 폐기해야 하고 세 번째 아이디어를 추천하는지도 설명하고. 그 단계를 거치면 나도 기꺼이 도와주겠네."

나는 상사의 말에 따랐고 정말 효과가 있었다. 철저하게 분석하는 과정에서 대부분 스스로 해결책을 얻을 수 있었다. 물론 상사를 찾아가 아쉬운 소리를 할 필요도 없었다. 그래도 상사의 도움이 필요할 때는 대안과 그 대안을 도출한 논리까지 함께 가지고 갔다. 내가 미리 분석하고 상황을 면밀히 검토했을 때 상사는 여러 가지 가능성을 검토할 수 있도록 도와주었다. 다시 말해 상사의 시간을 훨씬 유익하게 사용한 셈이다. 나 역시 매니저가 되었을 때 부하 직원에게 같은 얘기를 해 주었다.

"나한테 올 때는 문제가 아닌 해결책을 가지고 오세요."

나쁜 소식은 최대한 빨리 알려라

마감 시한을 놓쳤다. 기대한 홍보에 실패했다. 생산 라인에 기술상 문제가 있다는 등의 나쁜 소식을 뒤늦게 알려 상사를 당황하게 만들지 말아야 한다. 문제를 포착하면 최대한 빨리 상사에게 알려라. 이런 '조기 경고 체제'는 상사에게 부하 직원을 돕고 변호할 수 있는 시간을 주며 회사에도 앞으로 발생할 상황에 대비할 기회를 제공한다.

콧대 높은 CD-ROM 팀이 여름 내내 크리스마스 판매 시즌을 대비한 프로젝트에 몰두했다. 물론 힘든 일이었지만 마감 시한을 맞출 수 있다는 낙관적인 태도를 잃지 않고 비지땀을 흘리며 열심히 작업했다. 그리고 다른 부서에서도 최대 성수기인 크리스마스 시즌에 대비할 수 있도록 보도 자료까지 발표했다. 낙관주의? 물론 좋다. 그러나 그들의 지나친 낙관주의는 작업 진행 과정에서 끊임없이 발생하는 사소한 문제 등 위험 요소를 간과하고 책임자에게 보고하지 않는 극단적인 상황을 낳고 말았다.

시간이 흐르면서 프로그래머들은 일은 일정대로 진행되지 못한 채 중간 목표를 달성하는 데 점점 더 많은 시간을 투자해야 했다. 모든 단계에서 예상보다 많은 시간이 투자되고 문제점이 속속 노출되었다. 그러나 그때도 책임자에게 일정과 제품에 관한 정확한 현황을 보고하지 않았다. 매주 진척 상황을 알리는 보고서 역시 곧 닥쳐올 끔찍한 결말에 대해선 한 마디도 언급하지 않았다.

"낙관주의가 현실에 눈멀게 한 거죠."

나중에 그 책임자가 한 말이다.

마침내 그 해 늦가을 그들은 아무리 노력해도 소용 없다는 사실을 깨달았다. 도저히 크리스마스 시즌에 맞춰 제품을 출시할 수 없었던 것이다. 그때서야 상사에게 끔찍한 소식을 알렸고 상사는 청천벽력 같은 소식에 보통 당황한 게 아니었다. 그럴만도 한 것이 그 주에 빌 게이츠 회장과 프로젝트 검토 회의를 가질 예정이었고, 주요 의제는 크리스마스 시즌에 대비한 CD-ROM 출시 현황이었기 때문이다.

그가 크리스마스에 맞춰 CD-ROM을 출시할 수 없다고 말하자 빌 게이츠 회장은 화난 목소리로 왜 보도 자료와 기타 부수적인 마케팅 작업까지 완료된 시점에 와서야 그 사실을 발견하게 된 거냐고 다그쳐 물었다. 그는 제품 개발과 제작상의 복합적인 문제를 설명하기 시작했다. 그러나 회장은 그의 말을 막았다. 상사는 새로 도입한 기술에 대해 설명했다. 회장은 이번에도 말을 막고 그 프로젝트에 얼마나 많은 돈이 투자되었는지, 지키지도 못할 약속을 남발해 소프트웨어 상점들로부터 얼마나 많은 질책을 받을지, 책임자가 사전에 상황을 파악하지 못한 이유는 무엇인지 끝없이 질책을 퍼부었고 그 앞에 선 상사는 아무 설명도 할 수 없었다. 그에게 그 자리는 지옥 중에서도 가장 끔찍한 지옥으로 변하고 말았다.

만약, 프로그래머들이 마지막 순간에 문제를 터뜨리지 않고 초기 단계에서 '문제가 발생할 소지가 있으며 그 이유는 이러저러

하다. 그러나 여기 몇 가지 대안도 있다'고 보고했다면 문제를 해결하고 그에 따른 여러 가지 조치(이 경우는 마케팅 활동 중단)를 취할 수 있었을 것이다. 그러면 최악의 경우라 하더라도 회장과의 악몽 같은 대면은 피할 수 있었을 것이다.

상사의 업무 방식과 필요성을 파악하라

상사가 어떤 업무 방식을 선호하는지 알고 있어야 한다. 강점은 무엇이고 거기서 무엇을 배울 수 있는가? 약점은 무엇이고 그 약점을 보강하기 위해 도울 일은 없는가? 추측만 하다 실수하지 말고 상사가 어떤 업무 방식을 선호하는지 직접 물어본 후 사실에 입각해 행동해야 한다.

상사에게 가장 도움이 필요한 곳을 찾아 도와주어라. 내 친구는 새로 부임한 상사가 숫자 계산을 싫어한다는 것을 알고 자진해서 월 매출 보고서 자료를 준비했다. 또 다른 마이크로소프티는 자신이 창의성 면에서 상사보다 훨씬 낫다는 걸 깨달은 후 아이디어 회의에서 새로운 아이디어 창출에 더욱 박차를 가했다고 한다. 훌륭한 관리자라면 자신의 약점을 알고 있다. 그리고 당신을 고용한 이유는 그 약점을 보강할 수 있는 가능성을 바로 당신에게서 보았기 때문일 것이다. 자신있게 장점을 발휘하라.

상사도 스스로를 알아야 한다?

자신의 업무 스타일을 모르는 상사에게 잘못을 지적하는 부하 직원마저 없다
면 어떻게 변화를 기대할 수 있을까?

내 상사였던 폴은 나쁜 습관을 가지고 있었다. 팀 회의에서 누
가 아이디어를 내놓으면 반농담조로 또는 무례한 태도로 '그건
별로 주목할 만한 아이디어가 아니야', '다른 얘기를 하는 게 어
때?' 하며 비꼬곤 했다. 때로는 텔레비전 퀴즈 프로에서 틀린 답
이 나오면 사정없이 울리는 부저 소리처럼 시끄러운 소리를 내기
도 했다. 그리고 부하 직원과 단독 면담을 할 때면 책상을 사이에
두고 위협적인 자세로 서서 장난감 총을 겨누기가 예사였다. 그
중에서도 그가 특히 좋아하는 방법은 조직 계보를 그려놓고 부하
직원에게 조직의 제일 밑에 있다는 사실을 상기시켜 주는 것이었
다.

때로는 관리자들도 피드백이 필요하다. 폴이 그랬다. 그래서
우리는 그에게 필요한 피드백을 주었다. 어떤 것은 농담처럼 말

했다. 특히 장난감 총 문제와 관련해 나는 엄마가 아이를 달래는 듯한 목소리로 말했다.

"그 총을 신중하게 사용하지 않으면 당장 빼앗아 버릴 거예요. 그러니까 앞으로는 그걸로 우리를 겨눌 생각은 마세요."

어떤 부분은 선배들이 신입 사원을 대변해 주기도 했다.

"오늘 회의에서 잭과 신씨아에게 지나치게 위협적으로 대한 것 같지 않아요? 이제 두 사람은 예전처럼 자기 의견을 분명하게 밝히기 어려울 거예요. 너무 가혹하게 대하지 마세요."

한편, 그의 행동 가운데 싫은 부분과 그 이유를 직설적인 표현으로 설명하기도 했다. 그럴 때면 좋은 점도 함께 얘기해 줬다. 그래야 자신의 모든 행동이 문제가 있다는 비관적인 생각을 하지 않을 테니까. 그는 귀를 기울였고 그 후 행동을 완전히 바꾸었다. 물론 사무실에는 아직 장난감 총이 있지만 이제 그는 함께 일하는 부하 직원들에게 최고로 인정 받는 관리자가 되었다.

관리자가 모든 일을 비밀리에 해결한다거나 직접 토론을 하지 않고 전자 우편으로 일을 처리하는 바람에 대화가 단절된 적이 있는가? 이미 정해진 결정을 뒤집은 적이 있는가? 그러면 솔직하게 말하라. 단, 긍적적이고 건설적인 방법으로 말해야 한다. 바람직하지 못한 태도를 일깨워 주지 않으면 자신이 실수할 수 있다는 생각조차 하기 어렵다. 관리자들도 사람의 마음을 읽는 재주는 없기 때문이다.

훌륭한 관리자는 타고나는 게 아니라 만들어진다. 그리고 때로는 부하 직원에 의해 만들어지기도 한다.

상사에게 두 번의 기회를 주어라

과장이 실수를 했다면 부장을 찾아가지 말고 그와 직접 문제를 의논하라. 그래
도 상황이 개선되지 않으면 한 번 더 기회를 주어라.

내 동료 로리가 내게 와서 상사에 대해 불평을 늘어놓은 적이
있었다.

"우리 팀장은 정말 영리해. 그건 나도 인정해. 그런데 아예 얼
굴을 볼 수가 없어. 주간 회의도 참석하지 않지, 뭐, 도무지 사무
실에 앉아 있는 모습을 볼 수가 없어. 유일하게 볼 수 있는 시간
은 마감 시간 오분 전이야. 나도 바빠 죽겠는데 그럴 때면 얼마나
몰아치는지 몰라. 게다가 이미 진행하라고 한 일을 나중에 뒤집
기 일쑤고. 이젠 정말 부서를 바꾸고 싶어!"

"직접 얘기해 본 적 있니?"

내가 물었다.

"응? 아니."

"네가 고민하고 있는 부분을 직접 얘기하고 또 해결책이 있으

면 제시해 보는 게 어때? 예를 들면, 주간 회의에는 참석하되 대신 회의 시간을 줄이자든가 ……. 그리고 결재는 어떤 방법으로 하는 게 좋겠느냐고 물어봐, 전자 우편으로 보낼 수도 있고 PC에다 포스트잇을 붙여놓을 수도 있고."

그 후 로리는 상사와 직접 대화를 나누고 자신이 생각하는 문제를 털어놓았다. 로리의 상사는 문제점을 인정했고 바꿔보겠다는 말도 했다. 그러나 아무 변화도 없었다.

로리는 한 번 더 찾아가 말했다.

"지난 번에 꼭 회의에 참석하시겠다고 하셨고, 제게 넘겨 주기로 한 자료는 시간에 맞춰 검토를 마치겠다고 하셨잖아요. 그런데 지금까지 여섯 번 회의를 했는데 벌써 세 번씩이나 불참하셨고 이미 완료된 프로젝트를 두 번씩이나 번복하셨어요. 이 문제를 계속 방치하시면 저로서는 부장님을 찾아가는 수밖에 없다고 생각합니다. 사실 이 일이 제 업무에 상당한 지장을 주고 있어서 더 이상 어쩔 수가 없어요."

이 말은 상사에게 변화의 동기를 부여하는 동시에 강력한 경고로 작용했다. 로리의 상사 역시 부하 직원이 윗사람에게 찾아가 불평하는 일을 원하지 않았는지, 약속을 지켰다. 대부분의 관리자들은 건설적인 제안이라면 상당히 긍정적으로 수용한다. 그렇지만 다른 사람보다 조금 더 강한 자극이 필요한 사람도 있다. 그렇지만 불만 사항이 윗사람에게 전달되는 걸 좋아할 사람은 없을 것이다.

골치 아픈 상사를 만나면…

한 마이크로소프티가 말했다.
"일을 하다 보면 상사가 우리를 이끌어 주는 쾌속정처럼 느껴질 때도 있지만
앞으로 가지 못하게 발목을 잡는 닻처럼 보일 때도 있는 법이야."
만약 이런 닻에 걸려서 더 이상 참을 수 없다면 탈출 방법을 계획하라. 여기서
주의할 점은 관계를 최대한 다치지 않도록 해결하는 것이다. 그리고 갑작스런
통보로 상사를 곤경에 빠뜨리지 말고 가능한 한 후임자까지 정해 두는 게 좋다.

내 친구 스티브는 아주 힘든 상사 밑에서 일한 적이 있다. 그는
스티브가 작성한 보고서에 뻔뻔스럽게 자신의 이름을 적어 제출
하는가 하면, 스티브와 미리 의논하고 동의한 일인데도 먹이 사
슬의 위쪽에 있는 누군가에게서 반대 의견이 나오면 갑자기 태도
를 바꿔 스티브를 곤란하게 만들었다. 또한 스티브를 텍사스, 시
카고, 뉴욕, 오하이오 주를 한꺼번에 돌아야 하는 5일간의 고된
고객 방문 출장에 보내 놓고 자신은 하와이에서 개최된 전국 마
이크로소프트 세일즈 회의에 참석하는 사람이었다.

스티브는 상황을 호전시키려고 노력했지만 아무 소용이 없었
다. 그래서 그는 가장 쉬운 탈출구를 만들기 시작했다. 맡은 일에
더욱 최선을 다했고, 상사가 자기 업적을 가로채더라도 계속해서
보고서를 작성했고, 어떤 경우에도 상사에 대해 나쁜 말을 하지

않았다. 동시에 그는 다른 기회를 모색했다. 자신에게는 변화가 필요하다고 상사에게 말하면서 현재 그의 위치로는 얻기 불가능한 몇몇 업무를 언급하기도 했다. 마지막으로 자신이 떠난 뒤에도 부서에 무리가 없도록 상사와 함께 후임자를 구한 후 일 주일 동안 남아서 후임자가 새 일에 적응하는 데 필요한 훈련까지 책임졌다.

마지막 선은 넘지 말라

상사와 동료에게 언제나 최선을 다하라. 언제 어디서 어떤 모습으로 다시 만날
지 아무도 모르는 일이다.

큰 거래의 경우 본사 직원이 지역 판매 사무소로 출장가서 계
약 체결을 돕는 경우가 있다. 한 젊은 마케팅 사원이 중서부 지역
판매 사무소로 출장을 가기로 해 놓고 네 번이나 약속을 어겼다.
그러자 화가 난 사무소 판매 부장은 아예 없던 일로 하자며 계획
을 취소했다. 그 후 그 판매 부장은 본사로 발령을 받아 하필 그
사원의 상사가 되었다. 두 사람이 다시 만난 날, 판매 부장이 말
했다.

"조심해! 어제 뻣뻣하게 굴었던 사람한테 오늘은 굽신거려야
할 입장이 될 수도 있으니까."

한편, 이전 상사를 다시 직속 상사와 부하 직원의 관계로 만날
수도 있다. 부탁을 하거나 추천이 필요할 수도 있고 빠른 정보나
조언을 구해야 할 때도 있다. 그래서 최대한 좋은 인상을 남기고

좋은 관계로 헤어져야 한다. 마이크로소프트에 처음 입사했을 때 나는 인턴 사원으로 10주 동안 열심히 일했고 직속 상사와 좋은 관계를 유지하기 위해 노력했다. 이후 정규 직원이 되었을 때 나는 여전히 같은 팀에서 일하긴 했지만 상황도 달랐고 이전의 상사는 다른 부서로 옮겼다. 그런데 6년 후 2번의 발령을 거쳐 나는 다시 인턴 시절의 상사 밑에서 일하게 되었다. 그 상사가 바로 핵심 CD-ROM 부서의 부장이자 현재는 빌 게이츠 회장의 아내인 멜린다 프렌치다.

MS 훌륭한 상사가 되기 위해 필요한 모든 것

나는 마이크로소프트에서 배웠다

정작 자신은 아무런 노력도 하지 않으면서, 부하 직원들이 자기 마음처럼 움직여 줄 거라고 생각하면 커다란 오산이다. 언제 어디서 어떻게 왜 이러저러한 업무가 필요한지 알려야 한다. 다시 말해, 상급자는 부하 직원을 이끌어 주어야 한다. 너무 간단하고 쉽다고? '우리 상사가 그랬다는 게 믿기지 않아'라고 말하는 사람이 아직 많은 걸 보면 그리 간단한 문제는 아닌 것 같다. 목표와 마감 시간을 정확히 알리고 적절한 피드백을 제공함으로써 팀원과 합의를 이루어야 한다. 그리고 훌륭한 업무 수행에는 그에 합당한 평가와 보상이 필요하다. 이것은 팀의 사기 진작뿐 아니라 자신을 위해서도 좋은 일이다. 유능한 사원이 유능한 상사를 따르는 것은 당연하다. 그러므로 부하 직원 모두가 성공할 수 있는 길을 닦아 주라. 그러면 그들로 인해 더욱 돋보이게 될 것이다.

전략을 분명히 전달하라

상사는 누구나 자기 팀이 올바른 결정을 내리길 바란다. 그리고 가르쳐 주지 않아도 스스로 알아서 한다면 더욱 이상적이라고 생각한다. 이렇게 되려면 전반적인 전략이나 목표를 분명히 전달해야 한다. 출발점은 바로 여기다.

마이크로소프트의 크리스 피터즈 부사장은 참 특이한 사람이다. 프로그래머였던 그는 직접 타바스코 소스를 만들고 원자 관광국이라는 인터넷 웹 사이트도 만들었다. 그가 가장 좋아하는 음식은 '핍스'인데 마쉬맬로우를 발라 구운 노란 색의 닭요리이다. 어쨌든 그는 마이크로소프트 최고의 매니저로 인정 받고 있으며 특히 목표를 간단하고 분명하게 세우는 것으로 유명하다. 윈도우즈용 워드 6.0 버전을 개발할 당시 그는 워드팀에게 세 가지 목표를 전달했다.

워드 6.0 버전은,

1. '뭐든 자동'이어야 한다(철자 교정이나 포맷처럼 매일 반복되는 작업의 자동화).

2. 오피스 패키지의 일부가 되어야 한다(마이크로소프트 스프레

드시트와 그래픽 소프트웨어가 일관된 모양과 호환성을 갖추어야 함).

3. 워드퍼펙트 사용자에게 최고의 대안이 되어야 한다(높은 수준의 도움말과 파일 필터 기능 제공).

간단히 말하자면 위의 세 가지 목표 덕분에 마이크로소프트는 십억 달러를 상회하는 거대한 워드 프로세서 시장에서 성공할 수 있었다. 그가 세운 목표는 누구나 이해하기 쉬웠다. 당시 워드 프로세서는 지나치게 복잡해져 별로 사용되지도 않는 기능으로 가득 차 있었다.

우선, '뭐든 자동'이란 말은 가장 기본적이고 필수적인 기능의 중요성을 강조하는 말이다. 컴퓨터가 작업 수행을 돕는 게 아니라 아예 대신해 주는 것, 스스로 목록을 정리하고 철자를 교정하는 것을 목표로 한 것이다.

두 번째 목표는 시장을 면밀히 관찰한 결과에 기초하고 있다. 여러 가지 소프트웨어 응용 프로그램을 한꺼번에 사용하는 사람들이 늘어나고, 로터스의 '스마트 수트' 오피스 소프트웨어 패키지가 사용자들 사이에서 인기를 얻고 있는 시점에서, 마이크로소프트의 오피스 소프트웨어를 패키지로 묶어 사용하도록 만든 것은 분명 합리적인 판단이었다.

세 번째 목표는 당시 워드 프로세서 시장에서 마이크로소프트가 넘지 못한 가장 높은 벽인 워드퍼펙트 사용자들이 MS 워드를 사용하기 시작한 상황을 고려한 것이다. 더 많은 사용자를 확보한다면 워드의 성장은 그 어느 경쟁사도 쫓아오지 못할 정도로 엄청날 것이라는 판단이었다.

이 세 가지 간단 명료한 방침으로 무장한 워드팀은 곧 임무에 착수했다. 백 명이 넘는 팀원은 언제 어디서라도 한 목소리로 복

창할 수 있을 정도로 목표를 분명히 인식하고 있었다. 따라서 새로 제안된 기능이 세 가지 목표 가운데 하나라도 부합되지 않으면 당연히 제외시켰다. 새 버전에 포함시킬 수 있는 기능으로 치자면 수백 가지가 넘었지만 모든 프로그래머, 시험관, 기획자는 세 가지 목표를 충분히 반영하는 기능만 포함될 수 있다는 것을 숙지하고 있었기 때문에 다른 의견이 생길 여지가 없었다.

프로그래머들은 이 방침에 기초해 기능을 더하고 빼며 균형을 잡아 나갔다. 모두가 크리스 피터즈 부사장이 무엇을 원하는지 정확히 알고 있었기 때문에 결정을 내릴 일이 있어도 굳이 그를 찾아갈 필요가 없었다.

그가 내린 방침은 부수적인 이익도 가져왔다. 고객에게 워드의 새로운 특징을 보다 쉽고 분명하게, 설명할 수 있었던 것이다. 뿐만 아니라 마케팅팀과 판매팀에서도 이 세 가지 방침에 기초해 제품 시연을 계획하고, 자료집, 광고 우편물, 광고, 기업 세미나, 마케팅 자료 등을 준비했다. 그리고 1년 후 드디어 워드 6.0이 출시되었다. MS 워드가 태어난 지 10년, 마이크로소프트는 처음으로 경쟁사 워드퍼펙트를 따라잡고 세계에서 가장 잘 팔리는 워드 프로세서를 시장에 내놓을 수 있었다.

팀에 시간을 할애하라

각 팀원과 일 주일에 한 번씩 간단하게라도 모임을 가지면 부하 직원이 방향을 잘못 잡아 엉뚱한 곳에 시간과 노력을 낭비하는 걸 예방할 수 있다. 또한 결재를 받기 위해 제출한 기획안에 즉각적인 평가를 해 주면 그만큼 팀 내부의 활력도 높아진다. 필요할 때마다 팀에 적절한 시간을 할애하라. 단 몇 분을 투자한 효과가 사십 시간, 경우에 따라서는 팔십 시간 이상 지속될 수도 있다.

마이크로소프트 관리자들은 팀원에게 최대한 시간을 할애하면서 동시에 자신의 업무를 원활히 수행할 수 있는 갖가지 방법을 고안했다. 정열과 핵심을 꿰뚫는 예리한 통찰력을 겸비한 소비자 사업부의 마케팅 팀장 루쌘 로렌쩬은 그녀 특유의 개방 정책을 펼쳤다. 그녀의 사무실은 시간에 관계없이 누구에게나 열려 있다. 그러나 방문객이 할 말을 하고 그녀의 대답을 듣고 나가는 데까지 사용할 수 있는 시간은 단 2분에 불과하다. 루쌘의 강렬한 집중력에 불편함을 느끼는 사람도 있지만 대부분은 그때문에 분명하고 간결한 보고서를 준비하게 된다. 혹시 미비한 점이 있을 경우 그녀는 언제라도 찾아갈 수 있는 상사이다. 한편, 방해받기를 싫어하는 관리자들은 흔히 대학 교수들이 하는 것처럼 방문 시간을 따로 정해서 문 앞에 붙여두기도 한다.

바쁜 날에는 다른 사람의 질문이나 요구에 신경쓰지 못하고 지나치는 수가 있다. 문제의 심각성이나 마감 시간을 모를 때는 더욱 그렇다. 그래서 한 제품 기획자는 팀원에게 메모나 전자 우편을 보낼 때 상단에 대답이 필요한 날짜를 기입하도록 요구했다고 한다.

　지속적으로 팀원과 만나는 공간을 만드는 것도 중요하지만 정기적인 점검 역시 중요하다. 마이크로소프트에서는 주간 회의를 '일 대 일 면담'이라고 부른다. 회의 시간은 십오 분이 될 수도 한 시간이 될 수도 있고 아니면 간단한 전자 우편으로 끝날 수도 있지만, 사원에게는 전반적인 상황을 점검하고, 업무 진척도나 그 주에 발생한 문제를 토론하고, 피드백을 얻고, 일의 순서를 정리하는 중요한 기회이다. 또한 관리자는 이런 정기 모임을 통해 팀 내의 상황을 정확히 파악함으로써 팀이 정해진 경로를 벗어나지 않는지, 합리적으로 작업을 수행하고 있는지를 거듭 확인한다. 마이크로소프트에서는 누구나 달성 목표를 세우는데, 상사들은 언제나 부하 직원이 세운 6개월 목표를 점검하고 보다 포괄적인 관점에서 조언한다.

라이벌이 있으면 즐겁다

임박한 마감 시간을 맞추기 위해 팀원이 일치 단결할 때나 다른 팀과 경쟁을
벌일 때, 라이벌이 존재한다는 사실은 대단한 활력소가 될 수 있다. 적절한 경
쟁심은 커다란 차이를 만들기 때문이다.

1980년대 중반 이후 워드의 최대 경쟁자는 워드퍼펙트였다. 윈
도우즈용 워드팀은 워드퍼펙트의 시장 점유율, 판매량, 운영 프
로그램, 대기업 고객 명단을 낱낱이 조사했다. 누군가 복도에 전
시된 워드 광고 옆에 워드퍼펙트의 광고를 붙여 놓기도 했고, 어
떤 직원은 워드퍼펙트 회장의 사진을 구해 컴퓨터 모니터에 붙여
놓고 하루 종일 따가운 시선을 느끼며 일하기도 했다. 당시 워드
프로세서 시장에서 2위를 달리고 있던 마이크로소프트는 1위 달
성을 열망하고 있었다. 따라서 모든 팀원이 워드퍼펙트와의 경쟁
속에서 강력한 동기를 부여받았고 한 가지 목표에 집중할 수 있
었다. 그 결과 우리는 한 발 한 발 앞서 나가기 시작했다.

마이크로소프트가 마침내 워드퍼펙트를 따라잡았을 때 워드팀
의 새 경쟁자는 사내의 엑셀팀으로 바뀌었다. 당시 워드 사업부

총책임자였던 크리스 피터즈 부사장은 틈만 나면 팀원들에게 물었다.

"우리 COGs는 어떻게 되나?"

'COGs(Cost Of Goods Sold)'란 공장에서 워드 제품 하나를 포장하는 데 드는 비용을 뜻한다.

우리가 대답을 하면 그는 다그치듯 다시 묻는다.

"엑셀팀보다 1달러 아랜가?"

대답은 '아니오'였다.

"엑셀팀보다 비용을 낮추도록 해. 다음 주에 다시 점검하겠네."

우리는 서둘러 제품 포장 과정 가운데 삭제하거나 통합할 수 있는 부분이 있는지 검토하고 제조팀과 회의를 통해 드디어 비용을 줄일 방법을 찾아냈다. 그 덕분에 마이크로소프트는 수십만 달러를 절감했고 무엇보다 엑셀팀을 이길 수 있었다.

총책임자 크리스는 우리가 다른 부서를 능가한다며 고무시켰고 우리는 그 도전을 진지하게 받아들였다. 친선 경쟁이 어떤 때는 배구 시합 정도로 나타나기도 하지만 경쟁 덕분에 가장 중요한 일 즉, 최고의 광고 작성과 우수한 고객 확보와 국제 자회사 교육 체계 개발에 초점을 맞출 수 있었다. 그리고 엑셀팀의 관리자들이 팀원들에게 '워드팀이 하는 것처럼 해' 하고 말하는 최고의 만족감을 얻을 수 있었다. 엑셀팀 역시 우리 방식을 도입했다. 두 팀 모두 명확한 목표 아래 노력을 한 곳으로 집중시킬 수 있었다. 충분한 동기도 있었다. 결과는 당연히 전진이었다.

칭찬하라

'이번 일 참 좋았어' 라는 말 한마디가 많은 변화를 가져올 수 있다. 급료 인상이나 승진처럼 돈이 들지도 않고 어렵지도 않다. 칭찬을 하면 직원들의 사기가 진작되어 더 열심히 일하게 된다. 인정 받는 건 누구나 좋아하기 때문이다.

내 친구는 빌 게이츠 회장에게서 격려 메시지를 받았을 때 그 편지를 인쇄해 어머니에게 보여 주고 액자에 넣어 걸어 두었다.

마이크로소프트에는 회장 이외에도 능력을 인정 받는 길은 많다. 한 예로, 팀 회의가 있을 때면 다양한 상이 주어진다. 엑셀팀의 부장 존 라인골드(Reingold)는 자기 이름과 영어의 코뿔소라는 어원을 합성한 '라이니(Rheiny)' 상을 제정해 업무 수행이 뛰어난 직원에게 작은 플라스틱 코뿔소를 주었다. 브래드 체이스(Chase) 부사장은 윈도우즈 마케팅팀을 맡을 당시 '기러기(Wild Goose) 사냥(chase)' 상을 만들었다. 어린이 소프트웨어 사업부의 샤롯데(Charlotte) 거이맨은 '샤랏데(Charlatte)' 상을 줬는데, 기대 이상의 실적을 올린 직원에게 회사 카페테리아에서 공짜 라떼를 먹을 수 있는 일종의 상품권이었다. 이런 상은 시간이나 돈을 많이 들이지 않으면서 직원을 고무시키고 애사심을 갖게 만드는 재치있는 방법이었다.

어떤 관리자는 그 팀이 개발한 제품의 판매 실적을 팀원의 몸무게로 환산해 발표했다.

"우리 팀이 대단하다는 건 익히 알고 있었지만 드디어 여러분은 몸무게를 금으로 환산해도 될 만큼 높은 가치를 얻었습니다."

그 후 판매 실적은 계속 상승세를 달렸고 몇 달 후 그는 드디어 몸무게를 플라티늄으로 환산해도 된다고 발표했다.

한편, 직원의 능력 인정에서 마이크로소프트는 실수를 하기도 했다. 어느 해 제품을 조립한 수천 명의 직원이 '귀하의 개인적 성취를 기리며' 라는 글귀가 새겨진 똑같은 상패를 받았다. 그 중 많은 상패가 지금까지 직원들의 집 현관 장식으로 남아 있다.

하지만 칭찬이나 보상은 영원히 기억할 가치가 있는 일에 국한되어야 한다. 마이크로소프트에서는 제일 많은 시간을 들인 사원이 아니라 우수한 컴퓨터 코드 작성, 최고 소프트웨어 판매 실적 달성, 새 기능 개발, 기존의 문제점에 대한 해결책 고안 등의 임무를 수행한 사원에게 공식 또는 비공식적인 상이 수여된다. 이 상은 대량으로 주어진 상과 달리 수상자도 적고 그만큼 의미도 크다.

부하 직원을 감싸안아라

칭찬을 해야 할 때도 있지만 잘못한 일에 대한 책임을 져야 할 때도 있다. 문제가 무엇이든 잘못된 결과에 대한 책임을 자기 팀이나 다른 팀에 전가하지 말라. 관리자로서 궁극적인 책임을 져야 한다면 누구의 실수로 일을 망쳤든 그 책임을 겸허하게 받아들일 줄 알아야 한다. 그래야 부하 직원에게 존경을 받으면서 충성심을 갖게 할 수 있다.

빌 게이츠 회장은 판매부서 부장이던 제프 레익스에게 마이크로소프트 판매팀이 6개월 동안 제대로 준비되지 않은 상태로 새 전자 우편 제품 판매에 임했다고 비판했다. 그러나 제프 레익스는 전자 우편 개발팀이 판매팀에게 필수적인 정보와 판매 도구를 제공하지 않았다는 사실을 언급하거나 비난하지 않았다. 또한 이 문제를 조기에 경고하지 못한 판매팀 직원들의 잘못을 들추지도 않았고 판매 사원들이 이 문제 때문에 힘들어하는데도 적절한 해결책을 제시하지 못한 판매 부서 관리자들을 탓하지도 않았다.

위에 언급한 문제 어느 것이라도 잘못으로 지적될 수 있었지만 제프 레익스는 스스로 모든 책임을 겸허히 받아들이면서 대답했다.

"우리는 새 제품 출시에 대비해 충분한 준비를 갖추지 못했고 그 결과 판매 실적이 저조했습니다. 다시는 이런 실수가 재발하

126

지 않도록 필요한 조치를 취하겠습니다."

그는 이어서 문제점과 해결책을 제안했다. 모든 책임을 받아들이고 차분한 모습으로 대안을 제시하는 모습은 참으로 훌륭해 보였다. 그의 부하 직원뿐 아니라 전자 우편 개발팀까지 예상했던 질책을 받지 않아 안심할 수 있었고 다음 번에는 꼭 제대로 해 내겠다고 다짐했다. 이번에는 또다시 문제가 발생하지 않도록 제프 레익스 부장이 직접 나서서 점검할 것이 분명했기 때문이다.

모범을 보여라

상사의 행동은 팀에게 직접적인 영향을 준다. 부하 직원은 상사의 태도와 행동을 본받기 마련이다. 따라서 팀의 규모가 커지고 사내에서 직위가 올라갈수록 모범을 보여야 한다. 자신의 행동이 기업 문화를 일구는 데 얼마나 중요한 역할을 하는지 깨달아야 한다.

수석 부사장 스티브 발머는 전국 순회 홍보 때 언제나 개인 컴퓨터와 가방을 들고 다닌다. 또한 새벽 2시라도 프리젠테이션이 완료될 때까지 팀과 함께 일한다. 1991년 재산이 십억 달러를 상회할 때도 그는 번듯한 양복 한 벌 없었다. 허례허식은 마이크로소프트 스타일이 아니다. 마이크로소프티는 열심히 일하고 꼭 필요한 부분에만 투자를 한다.

이런 태도는 회사 어디에서나 흔히 볼 수 있다. 오피스팀의 프로그래머들은 주간 목표를 달성해야 하는 '일에 중독된 수요일' 때문에 자정 전에 퇴근한다는 건 생각도 못한다. 세미나 준비팀은 한 도시에서 세미나를 끝내고 곧바로 다음 도시로 옮겨가 다음 날 사용할 장비와 프리젠테이션 준비를 완벽하게 끝내기 전에는 잠자리에 들지 않는다. 마이크로소프트 사원의 옷차림은 겸손한 중역의 태도를 반영한다. 윈도우즈 NT, 컴덱스 무역 박람회, 새 CD-ROM을 선전하는 프로젝트 티셔츠를 입은 중역이 값비싼 시계와 빳빳하게 다려진 셔츠를 입은 중역보다 많은 것은 물론이다.

　마이크로소프티들은 심지어 업무 습관이나 말투까지 닮아 있다. 빌 게이츠 회장처럼 회의에 집중하면서 의자를 앞뒤로 흔드는 모습이나 '대역', '악몽 같은 시연', '레버리지' 같은 최첨단 유행어를 사용하는 등등 어디든 마이크로소프트의 문화가 배어 있다.

부하 직원에게
사장과 직접 만날 기회를 제공하라

중요한 회의나 프리젠테이션이 있을 때 부하 직원에게 기회를 주어라. 팀원에게 중역이나 회장 앞에 설 기회를 주는 것은 그의 능력을 믿는다는 사실을 알리는 방법이다. 부하 직원을 이끌어 주고 돋보일 수 있는 기회를 주어라.

빌 게이츠 회장에게 계획이나 제품을 직접 설명해야 하는 '빌 회의'는 마이크로소프트의 모든 팀에게 행복한 경험이기도 하지만 대부분 두려운 시간으로 일종의 통과의례이다. 이 악명 높은 회의에 들어가면 힘들고 까다로운 질문 세례를 받고 큰 소리로 야단을 맞기도 하지만 때로는 칭찬을 듣기도 한다. 이 회의에서 빌 게이츠 회장이 한 말은 '빌 이야기'라는 제목으로 지금까지 마이크로소프트의 전설로 전해 내려온다. 그 가운데에는 선배들이 처음 프리젠테이션을 준비하는 직원에게 자주 들려 주는 이야기가 있다.

회의중에 빌 게이츠 회장이 젊은 마케팅 담당자에게 소리를 쳤다.

"우리가 자네한테 월급을 주는 게 맞나?! 정말 자네에게 돈을 준단 말이야?!"

소비자 사업부의 제품 관리자였을 때 내 밑에는 세 명의 직원이 있었고 각자 한 가지 제품을 맡고 있었다. 그런데 발령을 받자마자 삼 주 후 각 제품에 '빌 회의'가 잡혀 있다는 걸 알았다. 보통의 경우 팀 책임자가 '빌 회의'에 참가하지만 나는 팀원 세 명에게 우리 팀을 대표할 기회를 주었다. 처음에는 내 제안에 보통 놀라고 두려워한 게 아니었지만 공포심이 조금씩 사라지자 그 기회를 오히려 적극적으로 받아들이기 시작했다. '빌 회의'에 대비해 팀 전체가 협심하여 열심히 준비했다. 그들은 실전 연습을 반복했고 서로 날카로운 질문으로 도왔다. '두렵지만 완벽하게 준비한다'는 말을 모토로, 마치 호랑이굴에 들어가는 것처럼 단단히 각오를 했다. 또한 만일을 대비해 참고 자료를 파일로 정리했다.

그들은 새 제품 아이디어도 제출했는데, 바로 원예 CD-ROM이었다. 이 이야기를 들은 빌 게이츠 회장이 물었다.

"어떤 근거로 이 제품이 잘 팔릴 거라고 생각합니까?"

이 질문에 발표자는 마구 뛰는 심장을 진정시키며 준비해 간 세 종류의 자료를 꺼내 인기있는 취미 활동으로 자리잡고 있는 원예란 도대체 무엇이며, 원예에 연간 투자되는 액수는 얼마이며 원예를 즐기는 사람 가운데 마이크로소프트의 목표 고객인 PC 사용자는 몇 명이나 되는지 조목조목 설명하기 시작했다.

빌 게이츠 회장은 고개를 끄덕였고 곧 기술적인 문제로 넘어갔다.

그때 발표자가 내뱉은 안도의 한숨 소리가 얼마나 컸던지 회의에 참석한 사람들이 웃음을 자아내기도 했다. 하지만 그는 재시험을 받지 않아도 되었다. 비판을 받기는커녕 승리감에 도취해 문을 나섰다.

한 명의 후임자 대신 팀 전체를 키워라

자리를 옮길 때 가장 좋은 방법은 팀을 대신 이끌 만한 후임자를 키우는 것이다. 그러면 상사도 편안한 마음으로 보내줄 수 있고 부하 직원은 승진을 목표로 무거운 책임을 맡기 위해 더 열심히 일하게 된다. 그러나 더 바람직한 방법은 한 사람의 후임자 대신 팀 전체를 키우는 것이다. 자리를 대신할 사람은 한 명이겠지만 모든 사람이 비슷한 목표를 가지고 준비한다면 팀뿐 아니라 회사에도 좋은 일이다.

엑셀 부서의 마케팅 팀장인 행크 비질은 성공적인 조직을 일구어낸 것으로 유명하다. 그는 팀 전체에 조금씩 강도 높은 과제를 부여하고 주요 사안을 그들과 함께 의논함으로써 모든 부하 직원이 한 단계 높은 업무를 수행할 수 있도록 훈련시켰다.

결국 팀원은 성공적으로 새로운 분야를 개척했다. 그들은 마이크로소프트 최초의 우편 광고 프로그램, 최초의 세미나, 최초의 시험용 버전을 개발했다. 더 나아가 새로운 연구 방법을 확립하고 홍보 대상을 기업체와 언론으로 확대했다. 행크 비질은 팀원 전체가 현재와 미래의 비즈니스 요구를 충족시킬 수 있는 기술을 갖추게 만들었고 그 결과 한 명의 후임자 대신 전체 팀이 각 분야의 지도자로 태어났다. 그리고 5년이 지난 지금 행크가 이끌던 팀원들은 마이크로소프트의 다양한 부서에서 고위 간부로 활약하고 있다.

결코 생각만큼 나쁘진 않다

팀이나 협력업체에서 실수를 했을 때 화를 내서 도움이 되는 경우는 거의 없다. 차분하게 자신의 잘못을 인정하고 해결 방법을 찾게 하는 것이 인간 관계를 악화시키지 않으면서 효율적으로 피해를 복구하고 다음 번에 보다 완벽한 계획을 세우게 하는 방법이다.

소비자 사업부 총책임자 론 소우저 부장은 어떤 상황에서도 냉정을 잃는 법이 없다. 한번은 고객 이십만 명에게 보낸 우편 광고물에 고객 서비스 안내 전화 번호 대신 애완 동물 가게 번호가 인쇄되었다. 그리고 특급 기밀 사항으로 진행되고 있는 제품 개발이 천 명 이상의 판매 사원에게 알려진 일도 있었다. 이런 일이 발생했을 때 론 소우저는 언제나 중심 잣대가 되는 세 가지 질문에 집중했다.

• 어떻게 이런 일이 발생했는가?
• 어떻게 해결할까?
• 재발을 방지하려면 어떤 조치를 내려야 하나?

그의 침착성 덕분에 부하 직원들은 흥분하지 않고 차분하게 상황 복구에 집중할 수 있었다. 어떤 일이 있어도 냉정을 잃지 않는 그의 성격을 믿었기 때문에 심한 벌을 받거나 비난 일색의 설교를 들을 걱정 없이 실수를 인정했다. 그가 잘못된 일을 두고 소리를 지르고 소란을 피웠다면 직원들은 직면한 문제보다 상사의 기분에 더 신경을 썼을지도 모른다. 그러나 팀은 그의 냉정함에 의지해 피해를 복구하고 같은 실수를 또다시 되풀이하지 않을 방법을 모색할 수 있었다.

유연성을 잃지 말라 — 6개월 뒤,
어떤 일을 맡을지 아무도 모른다

'일을 계획하는 것' 은 더할 나위 없이 좋다. 그러나 계획을 완전히 포기하고
전혀 다른 일에 미친 듯이 파고들어야 할 때를 아는 것 역시 중요하다.

마이크로소프트 사원들은 6개월마다 각자 달성할 목표를 정하고 상사의 동의를 받는다. 자신이 직접 목표를 정하기 때문에 자기가 운명의 주인으로서 감당할 수 있는 일만 맡게 된다. 마이크로소프트에서는 'S.M.A.R.T.' 공식을 적용해 목표를 정한다.

- Specific (구체적인 목표)
- Measurable/Observable (측정/관찰 가능한 목표)
- Accountable/Attainable (책임/달성 가능한 목표)
- Results-based (결과에 기초한 목표)
- Timebound (시간 내에 달성 가능한 목표)

목표가 중간에 바뀔 수도 있지만 SMART 공식에 기초해 설정한

목표는 적어도 분명한 방향과 최우선 과제를 놓치지 않게 해 준다. 나는 한 달 정도의 간격을 두고 팀원들이 정한 목표를 다시 각 팀원들과 함께 검토하면서 어떤 항목이 완료되었고, 어떤 일은 훌륭히 해 냈고, 문제가 있는 부분은 무엇이며, 좀더 노력이 필요한 부분은 무엇인가를 토론했다. 그렇게 하면 실적 평가 시기에 예상치 못한 평가로 팀원이 충격 받는 일을 없애고 목표에 대한 견해 차이를 줄일 수 있다.

한편, 개인 및 그룹의 목표를 180도 바꾸어 놓는 급격한 변화가 생길 수도 있다. 계획한 대로 실천하는 것만큼, 그 계획을 포기하고 새로운 계획을 수립해야 할 때를 아는 것도 중요하다. 1995년 12월 당시 워드, 엑셀, 파워포인트를 담당하고 있던 마케팅 팀장 마이클 허버트는 6개월 목표를 설정할 때 '인터넷'은 전혀 염두에 두지 않았다. 그런데 1월 15일 마이크로소프트에서 버미어(Vermeer)라는 회사를 매입할 계획이라는 정보를 입수했다. 버미어는 사용자가 인터넷에서 웹 페이지를 만드는 소프트웨어를 제작하는 회사였다.

일 주일 후 마이클과 그의 팀은 보도 자료, 판매 사원용 고객 정보, 마이크로소프트 인터넷 사이트 정보를 정리하고 전 세계에 흩어져 있는 자회사에 새로 매입한 회사와 제품에 대해 알렸다. 그 해 겨울과 봄을 지나면서 마케팅팀은 버미어에서 개발한 두 개의 신제품을 출시했고 제품 마케팅에 필요한 팀원을 충원하기도 했다. 실적 평가 기간인 6월이 되었을 때 평가된 그 팀의 목표는 원래 설정한 목표와는 판이하게 달랐다.

팀을 위해 대신 매를 맞아라

비즈니스 세계에서도 '좋은 역할 ― 나쁜 역할'이 필요하다

마케팅팀은 판매팀의 휴가 시즌용 제품 판매 계획을 듣기 위해 회의에 참석했다. 판매팀이 제출한 아이디어는 방법이나 형태뿐 아니라 거의 모든 면에서 마케팅팀의 기대에 미치지 못했다. 그러나 마케팅팀은 아무 말 없이 차분하게 자리를 지켰다. 팀원 모두가 '돌풍'이라는 별명을 가진 팀장이 나서서 화를 내고, 소리치고, 구슬리고, 협박하는 등 온갖 방법을 동원해 필요한 계획서를 받아 낼 것을 알고 있었기 때문이다.

팀장은 스스로를 '지정된 바보'라고 불렀다. 자신이 '나쁜 역할'을 혼자 떠맡음으로써 그의 팀과 판매팀과의 관계가 악화되는 것을 막아 주기 때문이다. 마케팅 팀장인 그에게 불만을 가질 수는 있지만 마케팅 팀원들은 좋은 사람들로, 매일 함께 열심히 일하는 동료로 남게 되는 것이다.

물론 이런 경우를 대비해 팀장은 회의 전에 팀원들에게 자신이 일시적으로 악역을 맡을 거라는 사실을 알려 둔다. 그래야 덩달아 나서서 화내는 사람이 없을 테니까. 회의의 성격에 따라서 그는 '지정된 희생양' 또는 '지정된 중재자'가 되는 셈이다.

직책에 어울리지 않는 일이라고?
하지만 결과는 푸짐

경륜이 쌓이고, 출세의 사다리를 하나 하나 올라가다 보면 직위에 어울리지 않는 하찮은 일을 해야 할 때가 있다. 자기 직위에 어울리지 않는 일이라 해서 피하면 안 된다. 모두 다 사업상 필요한 일이고 팀을 위해 양보하는 것이기 때문에 다음 번에 어떤 식으로든 보상이 따를 것이다.

마이크로소프트 관리자들은 팀이 힘든 상황에 부딪치면 소매를 걷어부치고 적극적으로 돕는다. 프로그래머 책임자는 '일에 중독된 수요일'마다 팀과 함께 야근하면서 새 컴퓨터 코드를 점검한다. 마케팅 팀장 역시 마감 시간에 몰려 일손이 모자랄 경우 복도에 앉아서 휴가철을 대비해 우편 광고물을 정리한다. 한번은 제조 공장에서 우편물 비용을 물어올 때, 팀장이 직접 제품 10개를 포장 상자에 넣어 우체국으로 가서 무게를 달아 보고 알려 줬다고 한다. 수석 부사장 마이크 메이플즈는 직원에게 감사하는 마음을 알리기 위해 아침 식사 자리를 마련하고 직접 식사를 만들어 대접했다.

"이런 일이 우습게 보일 수도 있지만 진짜 중요한 일이라 할 수 있죠."

그가 대접한 아침을 먹으면서 한 직원이 한 말이다.

고로 업무를 달성하기 위해 필요한 일은 기꺼이 도와라. 자신과 회사를 위해 좋은 일이니까.

한 번에 한 사람씩 도와라

팀은 하나라는 전체적인 시각으로 보아야 할 때도 있지만 개인의 집합체로 보아 야 할 때도 있다. 팀원 각자의 상황에 따라 적절한 접근 방식이 필요한 것이다.

같은 팀이지만 구성원 개개인은 마치 다른 행성에서 온 것처럼 판이하게 다를 때가 있다. 그들이 갖고 있는 재능과 직업 정신이 같을 수는 없다. 다음은 내가 구성원들 사이에서 직접 겪은 일들 을 적은 것이다.

신참 사원

우리 팀의 막내 자레드는 마이크로소프트에 갓 입사한 사원이 었다. 신입 사원이라면 누구나 그렇듯 누구보다 뛰어난 열정을 가지고 있지만 정확히 무슨 일을 해야 할지를 모르고 있었다. 직 업 정신으로 불타오르고 있지만 아직 필요한 재능이 없었던 것이 다. 이런 경우 자신의 업무와 기업 문화를 충분히 파악하지 못한 상태이기 때문에 다른 사원보다 더 많은 지도와 피드백과 칭찬이 필요하다.

나는 팀장으로서 그에게 가능한 한 많은 신경을 썼다. 우선 6개월간의 목표를 지나치다 싶을 정도로 자세히 세우도록 했다. 그리고 팀 내에서 자신의 자리를 찾도록 도우면서 동시에 내 시간을 절약하기 위해 그가 필요하면 언제라도 '멍청한 질문'을 할 수 있는 스승을 비공식적으로 정해 주었다. 스승으로 지명된 팀원은 그 일을 팀장이 되기 위해 밟아야 하는 수순으로 생각해 기꺼이 도와주었다.

자레드는 초기에 깜짝깜짝 놀라게 하는 실수들을 저질렀다. 마이크로소프트의 고객인 펩시 사원들과 만나는 자리에서 코카콜라 캔을 들고 있는가 하면 사십대의 여성 간부를 업무 보조원으로 착각해 복사 심부름을 시키기도 했다. 그렇게 시간이 얼마간 지나자 그는 조금씩 요령을 터득하기 시작했고 지금은 능력있는 팀원이 되었다.

실적이 부진한 사원

데이비드는 입사한 지 어느 정도 지났기 때문에 맡은 업무에 대해서는 잘 파악하고 있었지만 직업에 대한 열의가 들쑥날쑥하는 편이었다. 다시 말해, 능력은 있지만 철저한 직업 정신이 없었던 것이다. 자신이 좋아하는 일은 누구보다 훌륭히 해 냈지만 그렇지 않은 일들은 거의 무시하다시피 했다. 이런 경우에는 지도보다 지지가 필요하다.

나는 그에게 업무 수행에 필요한 자질이 풍부하다는 사실을 인식시키고, 그의 노력을 인정하고, 관심이 최대한 많이 가는 일을 맡겨 직업 정신을 고무시키려 노력했다. 하지만 내가 가장 좋아한 방법은 그에게 팀 프로젝트의 일부를 맡기는 것이었다. 무엇보다 그는 동료들을 실망시켜 스스로를 당황하게 만들 일은 하지 않을 사람이었기 때문이다. 그리고 업무를 훌륭히 처리할 경우 다른 직원들 앞에서 칭찬을 해 주어 앞으로 더 열심히 일할 수 있는 동기를 부여했다. 그 결과 그의 실적은 만족스러울 정도로 향상되었다. 그러나 그 수준에 이르기까지, 계속해서 그 수준을 유지하도록 돕는 데는 많은 시간과 노력이 필요했다.

팀의 스타

제니퍼는 특별한 지도나 지시가 필요하지 않은 사원이다. 능력도 뛰어나고 직업 정신도 확고하다. 물론 중간에 오류를 수정하고 격려하기 위해 약간의 피드백을 제공해야 하지만 대부분 혼자서 잘 해 낸다. 그녀의 경우 나는 두 가지 문제에 집중했다. 즉, 제니퍼가 지루함을 느끼지 않도록 계속 도전 의식을 심어 주고 그에 합당한 인정을 해 주는 것이다. 그리고 자신이 너무 뛰어나기 때문에 상사에게 도움을 받거나 점검받을 필요가 없다는 생각을 하지 않도록 만드는 것도 중요하다. 관심을 갖지 않으면 아무리 뛰어난 직원이라도 겉돌거나 무시당한다는 느낌을 받을 수 있기 때문이다.

기회가 있을 때마다 유능한 직원을 다른 관리자들에게 홍보하는 것도 좋다. 부하 직원의 유능함을 사내에 알리는 것이다. 또한 그 직원이 더 무거운 책임을 맡을 때가 되었다는 판단이 서면 최선의 기회를 잡을 수 있도록 도와주어야 한다. 개인적으로 뛰어난 직원을 잃어 가슴아픈 일이지만 회사나 그 직원의 입장에서 생각해 더 큰 도전과 기회를 부여하는 것이 옳다. 그렇게 하면 결국에는 부하 직원이 성공할 수 있도록 키운 상사로 존경받고 직장 생활에서 무엇보다 소중한 충성심을 얻게 될 것이다.

일을 미루는 사원

대학을 졸업한 지 얼마 되지 않은 칼은 아무리 중요한 일이라도 마감 시간 직전에 밤새워 처리하는 버릇이 있다. 대학 시절 습관이 남아 있는 것인데, 대학 4년 동안은 아무 문제 없이 지낼 수 있었을 테지만 불행하게도 마이크로소프트의 작업은 자료 수집에서부터 마무리까지 동료나 상사의 도움이 필요하다. 그런데 그가 집중적으로 일하는 새벽 4시에 잠자리에서 일어나 도와줄 사람을 구하기란 힘든 일이기 때문에, 결과적으로 그의 업무는 형편없거나 조직성이 떨어지거나 더 심한 경우 아예 완료되지 않은 상태로 제출하는 일까지 있었다.

그래서 나는 피트 히긴스 그룹 부사장의 선례를 따르기로 했다. 히긴스는 소프트웨어 개발에서 메모 작성에 이르기까지 일단 중요한 프로젝트를 맡기면 언제나 중간 점검을 한다. 일종의 일정표를 요구하는 것이다.

그래서 나는 칼에게 중요한 과제를 맡기면서 업무 일정표를 작성하라고 지시했다. 자료 수집은 언제까지, 중간 결과는 언제까지, 개요 보고서는 언제까지, 보고서 초안과 최종 보고서는 언제까지, 그리고 나서 각 단계마다 잠깐이라도 시간을 내어 업무 진척 상황을 점검하겠다고 말했다. 그러자 그는 처음에는 너무 놀라 입을 다물지 못할 정도였지만 곧 맡은 과제를 작은 부분으로 나눠 미리 짜둔 계획표에 따라 하나씩 일을 처리해 나갔다.

그 결과, 그는 마감 시한 안에, 그것도 훌륭하게 일을 처리했다. 물론 처음엔 그가 업무를 완수하도록 관리자로서 상당한 시간과 노력을 투자해야 했지만, 새로운 업무 방식에 익숙해진 다음부터는 그에게 계속해서 많은 지시를 내릴 필요가 없었다.

팀의 스승이 되자

부하 직원을 키워라. 그러면 부하 직원에게, 자신에게, 그리고 궁극적으로 회사
에게 이익으로 돌아온다. 중요한 업무를 맡기거나 단순히 점심 식사를 함께 할
때라도 뛰어난 실력을 쌓고 한 단계 높은 책임을 맡을 수 있도록 길을 열어 주
어라.

하루는 상사가 내 사무실로 들어와서 말했다.

"피트 히긴스 부사장이 워드 부서에도 무료 전화 서비스를 개
설해야 할지 알고 싶어하는데…… 워드퍼펙트가 광고에서 집중
적으로 부각시키고 있으니 말야. 일 주일간 시간을 줄 테니 우리
도 무료 전화 서비스를 개설해야 할지 조사해 보고 직접 보고하
는 게 어때요?"

피트 히긴스는 워드 사업부의 부사장으로 서열을 따지자면 나
보다 네 단계나 위였다. 그래서 상사가 지시를 내렸을 때 나는 속
이 울렁거릴 정도로 충격을 받았다. 그러나 상사가 나를 돕기 위
해 마련한 업무라는 걸 알고 있었기 때문에 조금씩 침착성을 되
찾아 일에 집중하려 노력했다.

상사는 내가 성공적으로 과제를 완수할 수 있도록 틈틈이 점검

해 주었고 실전 연습까지 도와주었다. 말하자면 그는 부하 직원의 발전을 위한 발판과 안전망 역할을 동시에 한 것이다.

조사 결과는 비용이 너무 비싸기 때문에 무료 전화 서비스는 시작하지 않는 게 바람직하다는 거였다. 또한 나는 워드퍼펙트의 전화 비용을 계산한 후 그들 역시 얼마 안 가서 서비스를 중단할 수밖에 없을 거라고 보고했다. 얼마 후 예상대로 워드퍼펙트는 무료 전화 서비스를 중단했다.

프리젠테이션을 성공적으로 마친 후 나는 상사에게 감사의 마음을 전했고, 이후에는 보다 자신있게 업무를 수행할 수 있었다. 물론 상사의 도움을 받는 횟수도 줄었다.

다음은 마이크로소프트 관리자들이 팀의 스승이 되어 부하 직원을 이끌어 주는 방법이다.

- 어떻게 의사 결정을 내리는지 보여 주어라 — 사고 과정을 보여 주는 것이 중요하다.
- 프리젠테이션을 맡긴 후 준비 과정을 도와주거나 상사의 프리젠테이션을 도울 기회를 주어라.
- 간부와 만날 수 있는 과제를 주어라 — 대신 질문에 답해야 할 경우에 대비해 같이 참석하는 것이 좋다.
- 회의에 대신 참석할 기회를 주어라. 상사를 대신하도록 선택된 사실에 뿌듯함을 느낄 것이다.
- 약점을 보강할 수 있는 과제를 부여하라.
- 다른 부서나 실무팀에 근무하는 동료 관리자와 하루 정도 함께 근무할 기회를 주어 다른 부서의 근무 상황을 경험하도록 하라.

- 지속적인 교육을 받도록 시간을 배려하라.
- 간부 회의에 동행시켜라. 이 경우 물론 관람만을 위해서이다.
- 팀 차원에서 간부를 초청해 함께 점심 식사를 하라.
- 솔선수범하라.

친구와 상사

친하게 지내면서 존경까지 받기란 어렵다. 팀원들과 아주 친하게 지낼 때는 실망스러운 피드백을 주기가 보통 곤란한 게 아니다. 또 너무 거리를 두면 질문이나 문제가 있어도 쉽게 접근하지 못할 수 있다.
그래서 한 관리자는 이렇게 말한다.
"'친절한' 건 좋지만 '친구'는 위험하죠."

아주 마음 좋은 상사가 있었다. 너무 착해서 다른 사람의 감정이 상할까봐 잘못을 지적할 때도 최대한 부드러운 어조를 사용했다. 사실 얼마나 조심조심 얘기했는지 그가 이런저런 점에서 개선할 필요가 있다고 말할 때에도 듣는 사람은 지적을 받고 있다는 사실을 파악하지 못할 정도였다. 너무 좋은 말만 골라 사용했기 때문에 부하 직원들은 자신들이 모두 유능한 사원인 줄로 알고 있었다. 그런데 실적 평가 시기가 되자 문제가 발생했다. 모든 사람이 기대 이하의 점수를 받았다고 생각한 것이다.

한편, 직원 가운데 한 사람하고만 친하게 지내는 건 더 위험하다. 우리 옆 팀의 팀장이던 잭은 테디라는 부하 직원과 카풀을 시작하면서 친한 사이가 되었다. 곧 두 사람은 막역한 사이가 되어 서로의 사무실을 들르는 횟수가 잦아졌고 둘만 같이 나가서 점심을 먹기도 했다. 그들의 만남은 근무 시간 이후에도 이어졌고 급기야 부인들도 친하게 되었다. 그러자 사내에서 두 사람을 두고 소문이 나기 시작했다.

다른 직원들이 소외감을 느끼기 시작한 것이다. 왜 상사가 자기 사무실에는 들르지 않는 걸까? 저 두 사람은 뭣때문에 킥킥대고 웃는 걸까? 회의 시간에 팀장인 잭이 테디의 아이디어를 칭찬하면 다른 팀원은 두 사람이 친하기 때문에 편을 드는 건 아닐까 하고 생각하기 시작했다. 상사의 객관성이 의심스러워진 것이다. 이처럼 두 사람의 우정은 잭의 신뢰도를 떨어뜨리기 시작했고, 팀은 팀장을 더 이상 존경하지 않았다. 몇 달 후 테디가 승진되었다. 이번에도 사람들은 테디의 능력 때문인지 잭이 잘 봐준 것인지를 의심했다.

이런 분위기에서 팀웍은 당연히 느슨해지고 팀원은 제각기 분리되기 시작했다. 그 결과 마감 시간을 놓치는 일이 늘어나고 잭에 대한 비판이 나돌고 팀의 사기가 떨어졌다. 상황이 얼마나 악화되었던지 급기야 잭은 강등당했고 더 이상 견디지 못해 회사를 그만두었다. 물론 이 경우는 극단적인 예이지만, 편애 때문에 직장을 잃은 것이다.

	듣기 좋게 말하는 법	

아래에 실은 전자 우편은 사실을 사실대로 말하지 못하는 매니저를 조롱하고 있다.

수신	프로젝트 평가팀
발신	딘 하차모비치
참조	프로젝트 검토에 사용할 공식 용어에 관한 제언

'조는 멍청하다' 대신 :
이 팀은 몇몇 분야에서 질적인 문제를 가지고 있다.
일부 팀원은 구조적 조정이 필요하다.
이 팀원의 능력은 다른 분야에 있다.

'조의 잘못이다' 대신 :
품질 확립 과정이 완벽하지 못했다.
대화 채널에 문제가 있었다.
일부 장치가 제대로 돌아가지 않았다.

'조는 산만하다' 대신 :
… 조직력이 느슨하다.
… 중요한 문제에 대한 준비가 부족하다.

'조는 다른 직업을 찾아 마이크로소프트를 떠났다' 대신 :
마이크로소프트는 자원을 잃었다.
이 일로 인한 영향력이 크지는 않을 것이다.

최종 실적 평가시
예상하지 못한 강타는 금물이다

최종 실적 평가 시기에 피드백을 몰아서 하는 것보다 중간 중간 하는 것이 평가하는 사람과 듣는 사람 모두에게 쉽고 차후에도 보다 효율적인 조치를 취할 수 있다. 부하 직원이 실수하면, 바로 그 때 실수했다는 사실을 알리고 궤도를 수정할 수 있도록 도와라. 그러면 상사의 의견을 정확히 파악할 수 있고 연말 실적 평가 시기에 충격을 받는 일도 줄어든다.

실적 평가를 앞둔 직원이 '내 점수가 어떻게 될지 전혀 모르겠다'고 말한다면, 그 말은 상사가 일을 제대로 처리하지 못하고 있다는 말이 된다.

모든 직원이 실적 평가에 대비하도록 하려면 자신은 물론 직원과 상부에게 사전에 충분한 정보를 주어야 한다. 마이크로소프트에서는 같은 서열에서 3분의 1 정도만 일정 점수 이상을 받는, 미리 정해진 규정에 따라 평가를 내린다. 대체적으로 볼 때 상위 그룹은 3분의 1 정도이기 때문에 이 방법은 효과가 있다. 그러나 문제가 없는 건 아니다. 자신이 유능하다 생각하고 또 그렇게 인정받아 온 부하 직원이 그 3분의 1 가운데 포함되지 않을 때 실망을 넘어 분노를 터뜨릴지도 모른다. 그래서 임금 인상이나 보너스가 기대 이하로 책정되었을 때 그 직원은 다른 직장으로 눈을 돌릴 수도 있다.

　캐더린 스코필더 부장은 사내에서 가장 합리적인 평가를 내리는 간부로 통한다. 그녀는 실적 평가 시기가 되기 여섯 달 전부터 상사에게 팀에 대한 정보를 알린다. 팀원 각자가 맡고 있는 분야, 훌륭하게 처리한 일, 실수한 점, 장점과 개선이 필요한 부분을 자세히 보고한다. 이 과정을 통해 그녀의 상사 역시 팀원에 대해 충분히 파악할 수 있기 때문에 그녀가 제출한 실적 평가서는 언제나 별 문제없이 결재되는 것으로 알려져 있다. 상사에게 팀 상황을 알릴 때 얻을 수 있는 또 다른 이익은 상사에게 도움을 받을 수 있다는 것이다. 회의 시간에 늦는다든가 제대로 의사 소통이 안 되는 사원은 어디에나 있기 마련이고 상사도 예전에 비슷한 문제에 직면했을 가능성이 있기 때문에 유용한 도움을 받을 수 있다.

▼	실적 평가에 사용되는 용어와 그 말의 진정한 의미	▲

마이크로소프트 사내에 퍼진 전자 우편

수신	윈도우즈팀 관리자
발신	?
참조	검토 보고서 작성에 관한 제언

하고자 하는 말 : '다른 사람을 무시한다.'
바람직한 용어 : '대결 상황을 피하면서 집중력을 유지하는 데 탁월하다.'

하고자 하는 말 : '미안한 마음 없이 다른 사람의 돈을 자기 것처럼 쓴다.'
바람직한 용어 : '기꺼이 계산하는 위험을 감수한다.'

하고자 하는 말 : '불평이 많다.'
바람직한 용어 : '문제의 핵심을 정확히 지적한다.'

하고자 하는 말 : '책임 전가가 뛰어나다.'
바람직한 용어 : '책임을 효과적으로 위임한다.'

하고자 하는 말 : '아무 것도 하지 않아서 활동비도 적게 든다.'
바람직한 용어 : '이용 가능한 자원의 사용을 최적화한다.'

— 프랭크 핸드릭스 하사가 씀. 돌려볼 것.—

→　　　　　　　　　　　　　　　　　↓

직원 고용은 현명하게, 서두르지 말라

사람을 제대로 채용하면 무거운 짐을 덜 수 있다. 그러나 한 명이 일을 엉망으로 처리하는 바람에 팀 전체가 타격을 입어 그 실책을 복구하고 팀을 제대로 이끄는 데 엄청난 시간을 낭비할 수도 있다. 따라서 직원을 고용할 때는 최대한 신중해야 한다. 일 년, 삼 년, 아니 오 년 정도 앞을 내다보고 스스로에게 질문하라. '이 사람은 앞으로 더 큰 책임을 맡을 능력이 있는가? 다양한 업무를 잘 해 낼 능력이 있는가, 아니면 현재 맡은 일에만 유용한가?'

한 관리자에게 국제 마케팅 분야를 맡을 직원이 필요했다. 그것도 아주 급하게. 그래서 그는 시간을 두고 적합한 능력의 소유자를 찾는 대신 출장 때 만난 마이크로소프트 자회사의 프란체스카라는 직원에게 제안했다. 자회사에서 근무했기 때문에 자회사가 본사에게 요구하는 사항을 충분히 파악하고 있을 거라고 생각한 것이다. 그러나 프란체스카는 본사와 자회사를 연결하는 중간자로서, 각종 세부 자료의 전달자로서 너무도 부적합했다. 자신이 맡은 일을 처리하기는커녕 오히려 복잡하게 만들어 버렸다. 그녀의 음성 사서함과 전자 우편 상자는 여기저기서 몰려 온 메시지로 가득 차 더 이상 메시지를 받을 수 없는 지경에 이르렀으며, 의사 소통 채널을 개선하고 자회사와 본사 간에 필요한 사항을 신속하게 연결하는 게 아니라 오히려 중간에서 막아 버린 것이다. 그녀에게 아무 대답도 듣지 못한 자회사들은 급기야 그녀의 상사에게 정보를 직접 요구하기 시작했다.

그리고 몇 달 후 그 일에 적합한 사람이 나타났다. 그러나 불행하게도 프렌체스카의 계약 기간은 이 년이었다. 그때서야 관리자는 좀더 시간을 투자해 가장 적합한 사람을 고용했다면 자신뿐 아니라 회사도 많은 시간과 노력을 절약할 수 있었을 거라는 사실을 깨달았다.

한편, 마이크로소프트의 관리자들은 특정 경험보다는 기본 능력을 높이 산다. 그래서 제프 레익스 그룹 부사장은 이렇게 말한다.

"난 한 가지 업무가 프로그램된 컴퓨터보다는 속도가 빠른 컴퓨터와 다양한 업무를 수행하는 프로그램을 택하겠소."

그리고 오피스 프로그래밍 팀장인 벤 월드맨은 팀에게 이렇게 말하곤 한다.

"오늘 면접한 사람 중에서 우리 팀의 평균 수준 이상인 사람이 있소? 그건 필수 사항입니다. 우린 평균 수준을 높이려는 거지 낮추려는 게 아니니까요!"

다음은 내가 마이크로소프트에서 배운 것으로 면접에 관한 교훈이다.

- '언덕' 형태의 면접이 좋다. 지원자들은 불안한 상태이기 때문에 우선 편안한 분위기를 조성해야 한다. 그리고 과거 경험이나 취미, 특기 등 쉬운 질문으로 시작한다. 어느 정도 준비가 되었다고 생각되면 어려운 내용으로 들어가라. 그런 다음 까다로운 질문을 하고 끝에는 다시 강도를 낮춰라. 마지막 질문에 잘 대답했다는 느낌을 받으면 자신감을 갖고 다음 면접

에 응할 수 있기 때문이다.

- 지원자가 갖고 있는 특정 지식이 아니라 사고 과정과 문제 해결 능력에 초점을 맞춰라. 지원자가 전 세계 윈도우즈 사용자 수나 엑셀의 사용법을 모르더라도, 인터뷰 중간에는 논리적이고 창의적인 사고를 통해 필요한 정보를 얻을 수 있는지를 보아야 한다. 어떤 관리자는 고의적으로 중요한 정보가 빠져 있는 시나리오를 제시하고 지원자가 그 자료를 요구하는지 아니면 그냥 결론을 내려 버리는지를 보기도 한다.
- 지원자의 창의성, 문제 해결 능력, 지능 등에서 차이점을 파악할 수 있는 질문을 마련하라. 같은 질문을 평가 기준으로 이용할 수도 있다.
- 마이크로소프트에서는 면접을 마친 후 면접관이 평가 내용을 인사부와 채용 담당 관리자에게 전자 우편으로 보낸다. 면접 관련 우편은 '채용 적격' 또는 '채용 비적격'이라는 말로 시작한 후 구체적인 피드백으로 들어간다. 그리고 평가 기준을 겨우 넘어선 '채용'의 경우에는 '채용 비적격'으로 분류된다. 평가 기준을 훌쩍 넘어야지 겨우 기어 올라가면 안 된다는 게 마이크로소프트의 생각이다. 가끔 '우리 팀에는 채용하지 않겠지만 다른 팀을 위해서는 괜찮을 것 같다'는 평가를 내리는 관리자가 있는데 이 경우는 다른 팀에게 폐를 끼치는 것이나 마찬가지다. 자기 팀을 위해 발탁할 정도로 뛰어나지 않다면 다른 팀에도 적합하지 않다는 사실을 명심해야 한다.

즐거운 분위기를 만들어라

힘든 업무에 몰두할 때나 휴식 시간에 팀을 하나로 묶는 끈이 있다면 그건 바로 같은 경험을 공유한다는 사실이다. 즐거운 분위기는 동지애를 쌓고 사기를 진작시킨다. 그러므로 때때로 시간을 내어 긴장을 풀어 주고 기억될 만한 특별 이벤트를 마련할 필요가 있다.

재정 책임자 프랭크 고데트는 회사의 연례 회의를 모든 직원이 잊지 못할 추억으로 만든다. 몸에 꽉 끼는 타이즈를 입고 방금 대포를 맞은 모양으로 나타나는가 하면 유명 연예인 흉내를 내면서 등장하기도 한다. 수석 부사장 스티브 발머와 마이크 메이플즈는 직원 단합 대회의 일환으로 마이크로소프트 캠퍼스의 '빌 호수'를 수영으로 가로지르며 한 차례 볼거리를 만들기도 했다. 또한 마케팅 팀원인 마이크 머레이는 네트워크 제품인 랜 매니저(LAN Manager) 업그레이드 버전 판매를 위해 판매 사원의 사기를 높이는 방법으로 GULP라는 프로그램을 발표하기도 했다. 편의점 세븐 일레븐이 빅 걸프(Big Gulp)를 파는 것보다 더 많이 팔자는 뜻에서.

오피스 부서의 프로그래밍 팀장인 벤 월드맨은 매주 날을 잡아 직원들을 남겨 놓고 가장 좋은 이름을 만들어 낸 직원에게 상을 준다. '자기 학대 월요일'에는 열심히 일하고 '열원자핵 화요일'은 원자핵 반응처럼 열띤 축제 분위기를 내도록 유도하는 것이다.

그룹 부사장 피트 히긴스는 전국 판매 회의에 참가한 천 명에 달하는 판매 사원 앞에서 당시 한창 유행하던 어린이 프로그램의 사회자 '미스터 로저스' 흉내를 내며 카디건과 운동화 차림에 세발 자전거를 타고 나타났다. 그 모습을 지켜본 사원들은 열광적으로 소리를 질렀다. 그때 로저스가 어린이 시청자에게 말하듯 타이르는 목소리로 연설을 시작했다.

"시장 점유율. 따라할 수 있나요? 시이 –장 저엄유우 –율?"

그는 일시에 판매 사원의 시선을 집중시키면서 의도한 메시지를 정확히 전달했다. 게다가 회의 기간 최고 점수를 얻을 만큼 인기도 누렸다.

MS 효율적인 의사 소통에 필요한 모든 것

나는 마이크로소프트에서 배웠다

의사 소통은 메시지를 간결하게 전달하는 것뿐 아니라 상대방이 정확하게 이해했는지 확인하는 것까지를 의미한다. 그리고 자신의 의견을 상대방이 받아들이도록 적절한 방법을 강구하는 것도 포함된다. 때로는 소리를 지르는 방법이, 때로는 부드러운 속삭임이 사용될 수도 있다. 언제 어떤 방법을 이용할지 정확히 판단하는 것. 이것이야말로 효과적인 의사 소통의 핵심이다.

자신만의 스타일

프리젠테이션, 회의, 협상에 임할 때 자신의 고유한 스타일을 가지고 있어야 한다. 다른 사람의 스타일이 돋보인다고 따라하는 것은 시간 낭비에 불과하다. 아무리 많은 시간과 노력을 투지해도 그 사람과 동일한 효과를 거두기는 힘들기 때문이다.

마이크로소프트의 수석 부사장 스티브 발머는 독특한 개성의 소유자로 의사 소통에서도 개성을 효과적으로 살린 예이다. 그는 좋은 일, 나쁜 일 가리지 않고 지나칠 정도로 흥분한다. 그가 뿜어내는 에너지는 수십 명이 힘을 합한 것보다 더 강렬하다. 같은 말을 세 번씩 외치고, 강조할 때마다 한 쪽 주먹으로 다른 손을 친다. 그런 방법으로 전체 판매 사원에게 분명한 메시지를 전달한다. 그러나 몇몇 관리자들이 그런 방식을 채택했지만 웃음만 사고 말았다. 한 관리자는 중요한 회의에서 스티브처럼 흥분하고, 소리를 지르며 같은 말을 반복했다. 그걸 본 사람들은 그가 농담을 한다고 생각했는지 일제히 웃기 시작했다.

만약 스타일에 변화를 주고 싶다 해도 새 업무를 맡은 첫 날에 시험하는 것은 금물이다. 한 번은 마이크로소프트에 같은 날 입사한 직원들이 간부들과 함께 점심을 하는 자리가 마련되었다. 그 자리에서 스탠포드 대학 출신의 데이브는 한 간부와 마케팅 문제를 둘러싸고 그야말로 가차없는 논쟁을 시작했다. 식사를 하던 모든 사람이 그의 공격적인 태도와 기질에 충격을 받았다. 그 후 동료들은 그를 이상한 사람으로 낙인 찍었고 일부는 두려워하며 그와의 접촉을 피했다. 그래서 데이브가 동료들과 함께 어울리며 우정을 쌓기까지는 2년이 걸렸다. 나중에 밝혀진 사실에 의하면, 데이브는 마이크로소프트 입사를 얼마 앞두고 '확신 강화 훈련'이라는 강좌를 들었고 바로 그 첫 날에 배운 대로 시험해 본 것이다. 단 한 번의 잘못된 판단 때문에 동료들은 합리적이고 친절하고 다정다감한 진짜 데이브를 아는 데 2년이라는 시간을 낭비해야 했다.

모든 질문이 다 진짜 질문은 아니다(?)

프로이드는 '때로 담배는 그냥 담배일 뿐이다'고 말했다. 질문에도 같은 법칙이 적용된다. 질문은 정보를 묻는 직설적인 요구이다. 그러나 제안이나 잊은 것을 상기시켜 주는 방법일 수도 있고 비난을 하거나 돋보이려고 일부러 짜둔 계획일 수도 있다. 이젠 누가 질문을 하면 그 사람의 의도가 무엇인지 생각해 보라.

언젠가 NT 사업부 부사장 리치 통이 말했다.

"'X에 대해서 생각해 본 적 있어요?' 하고 묻지만, 그 질문은 '내 생각에 X는 중요할 수도 있는데 그걸 잊고 있는 것 같아요. 난 지금 정중하게 그 사실을 상기시키고 있는 거요.'라는 말을 대신하는 표현일 수 있습니다."

상사가 '사장님께 보고할 최신 정보'를 요구하는 것 역시 보고서 제출 시한이 거의 다 되었으니 준비하라는 말일 수 있다.

한 번은 마케팅 팀장 스잔 위버가 회의에서 법률 시장에 대한 질문을 한 적이 있었다. 그 때 그녀는 자기 팀원이 이미 법률 시장에 대해 조사했다는 사실을 알고 그가 훌륭한 대답을 해 앞으로 같이 일할 동료들에게 신뢰 받을 수 있는 기회를 준 것이었다.

세부 사항을 얘기하면
진실이 통한다?

세부 사항은 진실을, 숫자는 사실을 내포한다. 회의에서 자신의 아이디어를 선전할 때나 질문에 대답할 때, 논쟁에서 승리하고자 할 때 상세하게 파고들어 가라. 그러면 신뢰를 얻을 수 있다.

홍보실에서 일한 지 얼마 되지 않았을 때 나는 신문사에서 전화가 오면 대강의 통계치를 이용해 애매모호한 대답을 하곤 했다. 한 예로, 기자가 워드에 문제가 발생했다는 소식을 듣고 전화를 하면, 우선 고객 지원부로 전화해 그 문제 때문에 전화한 고객이 몇 명이며 앞으로 영향을 받을 사람은 몇 명인지를 물어본 후 이렇게 대답했다.

"아, 별 문제 아닙니다. 또 문제가 생겨도 즉시 해결할 수 있는 방법이 마련되어 있습니다."

그런 후 다음 날 신문을 보곤 놀랐다. 그 문제를 다룬 부정적인 기사가 난 것이다.

이런 일이 있은 후 우리는 기자들이 그런 기사를 쓰지 않도록 확신을 주려면 보다 자세한 정보를 주어야 한다는 걸 알고 제품 지원부로부터 상세한 현황과 복잡한 통계치를 입수한 후 대답했다.

"고객 지원부에서 받은 총오천오백 통의 전화 가운데 이 문제와 관련한 전화는 백서른한 통이었습니다. 비율로 환산하면 2.38 퍼센트가 되지요. 또한 이 문제는 특정 바이오스에서만 발생하고 있는데, 전 세계의 PC 사용자 가운데 그 바이오스를 사용하는 사람은 11 퍼센트에 불과합니다. 지난 번 실시한 조사에 의하면 그 11 퍼센트에 해당하는 사용자 가운데 현재 42 퍼센트가 워드를 사용하고 있는 것으로 파악되었고, 워드 사용자 가운데 9 퍼센트만이 이 기능을 사용하고 있습니다. 따라서 앞으로 더 이상의 전화 문의는 없을 것으로 생각됩니다. 혹시 이 문제로 곤란을 겪는 고객이 있더라도 언제든지 이용 가능한 해결책이 마이크로소프트 웹 사이트에 이미 올려져 있고, 무료 우편으로 보내드리기도 합니다."

이렇게 자세하게, 결국 듣는 사람을 지루하게 만드는 정보를 듣다 보면 기자들은 별로 중요한 문제가 아니라고 결론을 내리고 부정적인 기사를 쓰지 않는다.

프리젠테이션이냐 판매냐

제품을 판매해야 할 때가 있고 단순히 소개만 할 때도 있다. 소개가 목적이라면, 바람직한 결정을 내리기 위해 균형있는 관점을 제시하고 결점도 객관적으로 보여 주어야 한다.

마케팅팀의 스티브 브리즈랜드는 소프트웨어 무역 박람회에서 짧은 시간 안에 제품 설명을 할 때는 열정적으로 제품에 대한 설명을 쏟아낸다. 그는 고객에게 전달하고자 하는 내용을 정확하게 이해시키는 편이다. 자신의 일은 고객에게 모든 것을 알리는 것이 아니라 구매 의욕을 이끌어내는 데 필요한 만큼만 전달하는 것임을 정확하게 파악하고 있기 때문이다.

반면, 직장에서 제안서를 설명할 때의 모습은 판이하다. 침착한 분위기로 자기 비판적인 자세를 유지한다. 제품을 위한 최선의 결정을 내려야 하기 때문에 분명하고 객관적인 태도로 제품에 대한 '사실'을 제시하는 것이다. 장점과 단점, 위험 요소와 경쟁사의 도전에 대해서 설명하고 한 가지라도 빠뜨리지 않기 위해 자신의 논리에서 허점을 찾는다. 이 덕분에 회의 참석자는 자연히 한 발 물러선 위치에서 그의 아이디어를 받아들일 것인지의 여부를 면밀히 검토할 수 있다.

칭찬은 남 앞에서, 질책은 따로 불러서

'수고했어요, 이번 일 정말 좋아요'는 참 듣기 좋은 말이다. 옆에서 상사가 듣는다면 더욱 좋은 일이다. 이처럼 누군가가 일을 훌륭하게 처리했다면 가능한 한 많은 사람 앞에서 알려라. 그러나 실수를 했을 경우에는 반드시 개인적으로 불러서 야단을 쳐야 한다.

누군가 고마운 일을 해 주었다면 반드시 고마움을 전하라. 어느 중요한 회의석상에서 동료가 나를 지지하고, 사내 사서가 긴급히 필요한 정보를 신속하게 전해 주기 위해 자신의 업무 범위를 벗어나 애써 주고, 비서는 다음 주에 있을 출장에서 좀더 빨리 돌아올 수 있도록 비행기표를 조정하느라 이십 분 동안이나 대기하면서 표를 구했다. 나는 그들 모두에게 감사하다는 전자 우편을 보냈고 각 상사에게도 전했다.

한편, 실수를 했을 때는 반대로 행동해야 한다. 다른 사람 앞에서 질책하는 것은 금물이다. 예전에 회의 석상에서 습관적으로 다른 사람의 말을 끊는 사원이 있었다. 말이 끝나기도 전에 먼저 대답을 한다든가 설명하는 도중에 됐다는 식으로 중단시키곤 했다. 그 때문에 그녀는 상사에게 몇 번인가 '잠시 입 다물고 얘기를 끝까지 들어 보자'는 말을 듣기까지 했다. 물론 그 말이 일시적인 효과는 있었지만 완전히 잘못된 접근 방식이었다. 그녀는 상사가 회의중에 그런 말을 함으로써 자신의 체면을 떨어뜨렸다고 생각해 더 고집을 부리며 고치지 않았다. 그러면서 회의중에 상사의 의견을 반대하는 등 문제가 심각하게 확대되었다. 간단히 말해, 방어적인 태도를 취하면서 아예 상사가 끼어들 틈조차 주지 않았던 것이다.

마침내 상사는 그녀를 조용히 불러 차분하게 얘기했다.

"자네는 그 때 그 때 당면한 문제에 너무 집중하는 바람에 자신의 스타일이 다른 사람의 반응에 영향을 주고 있다는 사실을 생각지 못하는 것 같네. 그런 태도는 상대방에게 주의를 기울이게 하기 보다 오히려 기분 나쁘게 만들 수 있어. 그래서 흔히들 전투적인 태도로 응수하거나 아니면 아예 입을 다물고 말지. 인내심을 갖고 그 사람들이 하는 말을 끝까지 들어봐. 그리고 또 일 분 정도 생각한 다음에 말하고."

이렇게 차분한 분위기에서 상사와 단둘이 이야기를 나눈 후 그녀는 상사의 뜻을 이해했고, 회의 시간에 보이는 태도 역시 많이 개선되었다. 따로 불러 이야기를 하면 듣는 사람이 한 가지 문제에만 집중할 수 있기 때문에, 사람들 앞에서 질책해 당황스럽게 만드는 것보다 훨씬 분명하게 메시지를 전달할 수 있다.

피드백은 실천 가능하게

피드백은 분명하고 구체적이며 실천 가능해야 한다. 직원의 업무 실적, 광고
회사에서 제출한 아이디어, 인사 계획 등 어느 분야에서나 마찬가지다.

한 번은 친구의 상사가 실적 평가 기간에 '자넨 전략적인 부분
을 더 보강해야겠네'라고 말했다. 그 친구는 무슨 뜻인지 구체적
인 것을 원했다. 전략적인 부분을 보강하려면 무엇을 해야 한단
말인가? 언제 전략적으로 행동하지 못했는가를 구체적으로 설명
하길 바란 것이다. 그러나 상사의 모호한 설명을 이해하지 못한
친구는 결국 자신을 승진시키지 않으려는 변명에 불과하다고 결
론을 내려 버렸다. 이전 방식을 고치지 않았음은 물론이다.

그 후로도 그는 계속 같은 방식으로 일을 했다. 그는 마이크로
소프트의 영업 기획을 맡고 있었는데 어느 날 상사가 바뀌었다.
이번 상사는 그의 업무를 검토한 후 이렇게 말했다.

"자넨 우리 제품이 전시될 상점의 목록만 제출하는데 그 이상
을 생각해야 돼. 좀더 크게 보란 말이야. 고객과 관련된 핵심 문

제를 먼저 파악하고 그 문제를 해결할 방안까지 생각해서 내게 알려 주게. 또 경쟁사들의 계획과 목표에 대해서도 알고 있어야 해. 목표를 달성하기 위해 어떤 전술과 계획을 사용하는지 말야. 그리고 거기에 대비한 우리의 계획에 대해서도.”

그 말을 들은 친구는 생각했다.

“아하, 이게 전략적으로 보강한다는 의미이구나.”

이번에 그가 받은 피드백은 분명하고 구체적이고 실천 가능했기 때문에 충분히 활용할 수 있었다.

꼼꼼한 검토가 필요하다

전자 우편이나 메모로 메시지를 전달하거나 회의를 하다 보면 그 정보가 필요한 사람인데 깜박 잊고 전하지 못한 사람이 있기 마련이다. 따라서 관련된 모든 사람에게 전달이 됐는지 충분히 검토해야 한다.

워드, 엑셀, 오피스팀은 고객에게 '패키지 소프트웨어'라는 이미지를 심어 주기 위해 포장 디자인을 통일하기로 했다. 우리는 포장 상자 전면 왼쪽에 세로로 검은 선을 넣어 눈에 잘 띄도록 했다. 그런 다음에는 제품 관리자, 서비스 부서, 판매 사원, 제조 업체 및 소프트웨어 상점에다 바뀐 포장에 대해 통보했고 수십만 개의 상자를 인쇄했다. 그런데 이탈리아 자회사에서 공포에 질린 메시지가 날아왔다. 이탈리아에서는 봉투에 검은 선을 두르면 장례식이나 죽음을 상징한다는 것이다. 그러나 때는 이미 늦었다. 새 포장 상자를 디자인할 때 해외 자회사의 조언을 구하지 않은 데다 수정이 가능할 정도의 시간적 여유도 남겨 두지 않고 최종 결정 사안만 알렸기 때문에 되돌릴 수 없는 실수를 저지르고 만 것이다. 그 일 때문에 이탈리아 자회사는 엄청난 수모를 견

더야 했다.

이처럼 국제적인 문제는 참으로 까다롭다. 인도 정부는 윈도우즈 95에 포함되어 있는 세계 시간을 나타낸 지도가 인도와 파키스탄의 국경을 명확히 구분하지 않았다는 이유로 윈도우즈 95의 판매를 금지시켰다. 그 후에도 여러 곳에서 지도를 둘러싼 문제가 계속 제기되는 바람에 이 지도는 윈도우즈 95에서 완전히 삭제되고 말았다.

최종 결정을 내리고 결과를 보고할 때 이해 관계를 둔 사람들에 대해 충분히 고려한다면 후일 생길 수 있는 많은 문제를 예방할 수 있다.

왜 알려야 하나?

정보는 가장 효율적인 방법으로 전달하라. 간단하게 메모를 돌리는 방법도 좋다. 이렇게 하면 자신이 방금 한 일을 다른 사람이 가로채는 일을 방지할 수 있고 사람들에게 자신이 하는 일을 알릴 수도 있다.

소비자 사업부에서 근무할 때 나는 CD-ROM 타이틀을 개발하고 싶어하는 일반인들이 마이크로소프트에 보낸 제안서를 검토했다. 출판을 기대하며 출판사에 원고를 보내는 작가와 마찬가지로 아이디어와 목표 시장, 그 분야에 대한 전문성과 기술, 판매 전략을 정리한 제안서를 우리에게 보내는 사람들이 있기 때문이다.

백 편의 제안서 가운데에서 내가 편집부로 보내는 제안서는 약 다섯 편 정도이다. 편집부에서는 다양한 전문성으로 무장한 부원들이 각 제안서를 검토하고 예산을 편성해 CD-ROM 타이틀 출시를 결정한다.

나는 폐기된 아흔다섯 개의 제안서에 대해서도 편집부가 알아야 한다는 생각에 그 목록을 따로 만들어 간단한 설명과 거절한 이유를 덧붙여 한 달에 한 번씩 메모를 돌렸다. 이 덕분에 편집부 직원들은 모든 제안서를 직접 읽을 필요가 없어진 데다 자세한 검토를 요구할 수 있다. 또한 동일한 평가 기준을 공유하고 시장에서 직접 흘러들어 온 신선한 아이디어로 감각을 유지할 수도 있었다.

메모를 돌리는 것은 바람직한 작업 방식을 공유하는 방법이기도 하다. 마이크로소프트의 제품팀은 마케팅, 테스트, 프로그래밍 등 각기 전문 분야는 달라도 비슷한 문제에 직면한다. 따라서 어떤 문제를 해결하는 괜찮은 방법을 발견하면 메모를 통해 다른 사원들에게 알려 서로 도움을 주는 것이다.

자신의 현황을 사람들에게 알리는 행동은 언뜻 시간 낭비나 지나치게 계산된 행동처럼 보일 수 있지만 궁극적으로 좋은 결과를 가져오는 것은 사실이다. 마케팅팀의 신입 사원 두 명이 비슷한 업무를 맡은 적이 있었다. 두 사람 모두 각자 맡은 업무를 훌륭하게 수행했지만 한 사람은 자신이 맡은 프로젝트의 현황과 새로 맡게 된 업무를 정리해서 메모를 돌렸고 한 사람은 돌리지 않았다. 결국 누구에게 더 많은 기회가 주어졌을까? 사람들은 업무 현황을 보고한 팀원이 많은 일을 충분히 처리할 능력이 있다는 걸 알고 있었기 때문에 기회는 당연히 그에게 주어졌다.

회의에 정말 참석해야 하나?
참석했다면 끝까지 자리를 지켜야 하나?

회의의 목적은 무엇인가? 전자 우편이나 전화를 통해 시간을 절약하면서 같은 결과를 이끌어 낼 수는 없나? 시간 개념에 철저하면 그만큼 많은 시간을 절약할 수 있다.

샤롯테 거이맨 부장은 다양한 회의에 '초대' 받는다. 그러나 초대 받은 모든 회의에 참석하는 것은 아니다. 그녀는 언제나 회의를 소집한 사람에게 묻는다. '왜 내가 참석해야 됩니까? 회의의 목적은 무엇입니까? 다른 사람을 대신 보내도 되겠습니까?'

그리고 일단 참석하기로 결정하면 사전에 알아두어야 할 자료를 요구한다. 만약 특별한 의제가 없는 회의라면 참석을 거부하고 회의를 준비한 사람에게 보다 조직적인 회의를 준비하도록 종용한다. 이런 식으로 그녀는 초대 받은 회의를 30 ~ 40 퍼센트 정도 줄이고 필요하면 전화나 전자 우편으로 처리하거나 팀원을 대신 보내기도 한다. 철저한 시간 관리 덕분에 그녀는 거의 매일 집에서 아이들과 함께 저녁을 먹을 수 있다고 한다.

한편, 회의에 참석하고 보니 회의 내용이 자신의 생각과 다르고 실제 자신의 업무와 별 상관없는 내용이라면 어떻게 해야 할까? 그렇다면 회의의 목적이 무엇이며 자신이 참석할 필요가 있는지 당당하게 물어야 한다. 어떤 경우는 회의 전체를 취소할 수도 있다. 직원 회의가 열렸다. 계획서를 발표하고 승인을 얻어야 할 담당자가 회의중에도 보고서에 매달려 있다. 그러면 참석자들이 말한다.

"회의를 내일까지 미루는 게 어떻겠습니까? 계획이 완성된 다음으로 말이죠."

그 말에 담당자는 꽤 당황하긴 하지만 다음 날 완성된 계획서를 가지고 회의실에 나타난다.

일단 회의에 참석하기로 결정했다면 회의에 집중해야 한다. 효율성을 중요시하는 한 제품 관리자는 회의 때마다 노트북을 가지고 온다. 자신의 업무와 관련없는 주제가 나올 경우에는 노트북으로 전자 우편 메시지를 읽고 즉시 행동으로 옮겨야 할 내용이 나오면 그 자리에서 바로 타이핑을 해 전자 우편으로 팀원에게 보낸다. 다른 참석자들이 회의를 마치고 책상으로 돌아가 지시를 내리는 것보다 신속하게 일을 처리하는 것이다. 그러나 회의 내내 그가 내는 키보드 소리는 다른 참석자의 신경을 건드렸고 고개를 숙이고 컴퓨터 화면에 집중한 그의 모습이 회의 내용에는 관심이 없는 것처럼 보이게 만들었다. 그 결과 그는 회의에 초대되는 횟수가 점점 줄어들어 결국 중요한 의사 소통 채널에서 제외되고 말았다. 비록 최첨단 전자 세대이기는 하지만 회의장에서는 종이와 연필을 사용하고 시선을 마주치는 전통적인 방법으로 자신의 가치를 유지해야 한다.

회의 시간을 자료 설명으로
낭비하지 말라

자료나 보고서는 회의에 참석하기 전에 누구나 미리 읽어올 수 있다. 따라서
회의 시간을 끝없는 자료 설명으로 낭비하지 말고 참석자의 능력을 최대한 활
용해 핵심 사항을 토론, 해결하고 기발한 아이디어를 얻는 방법을 모색하라.

소비자 사업부는 여섯 달 간격으로 엄청난 양의 판매 자료, 고
객 피드백, 시장 정보를 받는다. 과거에는 연구원이 일흔다섯 개
나 되는 슬라이드 프리젠테이션을 준비한 후 간부들이 둘러앉은
회의실에서 자료를 설명하고 분석 결과를 발표했다. 그러나 최근
들어 진행 방법을 바꿨다. 필요한 자료 및 분석 내용은 사전에 참
석자에게 보내 미리 읽어 오게 하고 회의 시간에는 보다 현실적
인 문제와 전략을 토론하도록 한 것이다. 그래서 참석자는 두 시
간에 걸쳐 지루하게 계속되는 자료 소개를 듣는 대신 핵심 문제
에 대해 열띤 토론을 전개할 수 있게 되었다. 그 결과 가격 변화,
경쟁 기업 연구, 시장 변화에 발맞춘 인력 재조직 등 의미있는 성
과를 거둘 수 있었다.

논쟁의 소지가 있는 문제는
사전에 해결하라

회의 시작 전에 논쟁의 소지를 제거하면 회의의 초점을 흐리게 만드는 공개적인 논란을 방지할 수 있다.

빌 게이츠 회장이 제품 기획과 현황을 검토하는 '프로그램 평가' 회의를 준비하는 도중에 워드팀의 프로젝트를 맡고 있던 부장이 전체 소프트웨어 특징을 삭제하고 그 작업에 투여된 직원을 다른 분야에 재배치하기로 결정을 내렸다. 그는 회의중에 이 엄청난 변경 사항을 알려 충격을 주지 않기 위해 미리 빌 게이츠 회장을 찾아가 알렸다. 회장은 갑작스런 변화에 화를 냈을 뿐 아니라 그 아이디어 자체를 완강히 반대했다. 그러나 부장은 근본적인 이유를 설명하며 끝까지 자신의 입장을 고수했고 마침내 합의점을 찾았다. 그 결과 얼마 후에 열린 평가 회의는 무리없이 진행되었다. 사전에 논쟁의 소지를 해결한 덕분에 충격을 주는 일도 없었고 그 일로 인한 파급 효과도 줄일 수 있었던 것이다.

이와 반대로, 어떤 관리자는 부서의 상사들에게 3개년 계획을 설명하던 중 첫 번째 의제를 끝내기도 전에 일대 소동을 일으키고 말았다. 이유는 그녀가 제시한 첫 번째 의제인 제품의 가격 인하를 두고 참석자들이 지나치게 열띤 논쟁을 벌이는 바람에 두 번째 의제는 소개도 못 했던 것이다. 그 결과, 그녀는 갑작스런 문제 제기에 대한 질책을 받았다.

회의 운영 방법

훌륭하게 조직된 회의는 정보를 전달하고 문제의 해결책을 모색하는 건 물론 서로 경쟁하는 팀을 단결하게 만들고 새로운 아이디어를 탄생시키는 장이 되기도 한다. 반면, 준비가 부족한 회의는 시간 낭비이며 참석자를 불쾌하게 만들어 상황을 악화시킨다.

다음은 회의를 운영할 때 꼭 지켜야 할 사항이다.

- 정시에 시작하고 일정대로 진행하라. 열 사람이 참석하는 회의를 십 분 늦게 시작하면 회사의 입장에서 백 분을 낭비한 거나 마찬가지다. 반면에 정시에 회의를 시작하는 것으로 알려지면 참석자들은 회의 내용을 놓치지 않기 위해 정시에 나타난다.
- 의제·주제에서 벗어나지 말라. 원래 의제에서 벗어난 회의가 너무나 많다.
- 회의 내용을 보고할 수 있도록 요점 정리를 하거나 다른 사람에게 부탁하라.
- 말할 때 사족을 달지 말라. 예를 들어, '그러니까 당신이 하고

자 하는 말은……'이나 '모든 내용을 다루기 위해서 이제 화
제를 바꾸는 게 좋을 것 같습니다만……'은 정중한 표현이긴
하지만 사실은 회의 진행을 방해하는 비난과 다를 바 없다.

• 소극적인 참여자를 격려하라.

• 작은 그룹에서 회의 도중에 잠을 자기란 힘들다. 회의 참석자
  가 적을수록 소외될 가능성이 적다.

• 마지막 오 분이 가장 중요하다. 회의를 마치기 전 약간의 시
  간을 남겨 내용을 요약 정리하고 실천 사항을 분배하고 다음
  의제에 대한 동의를 이끌어내야 한다.

• 회의를 마친 후 약속한 일은 꼭 실천에 옮겨라. 질문에 대한
  해답을 찾겠다고 했으면 꼭 약속을 지켜라. 그리고 참석자들
  이 실천 사항을 예정대로 실행하는지도 확인하라. 결론을 맺
  지 못한 문제는 반드시 해결해야 한다.

회의 참석률을 높이는 전술

간식 제공, 참석자의 반응을 이끌어내는 흥미로운 발표, 편리한 시간(한 예로, 금요일 오후 6시는 절대로 안 됨)······ 이상은 마이크로소프트에서 회의 참석률을 높이기 위해 사용하는 몇 가지 전술이다.

어린이 게임 사업부에서는 회의장에 가장 늦게 도착하는 사람(물론 공식적인 회의 시작 전에 도착한 경우는 제외)이 다음 한 주일 동안 팀원 전체의 아침을 사야 한다. 다른 부서에서는 가장 늦게 도착한 사람에게 요점 정리, 타이핑 등의 힘든 일을 맡기는 벌칙을 정하고 있다.

약 삼백 명의 직원이 있는 오피스 소프트웨어 부장은 한 달에 한 번, 단 십오 분간 전체 회의를 진행한다. 회의 시간이 워낙 짧아 조금이라도 늦으면 중요한 내용을 모두 놓치기 때문에 감히 지각을 할 수가 없다고!

한 컴퓨터 개발팀장은 월말 회의 첫머리에 현재 개발중에 있는 멋진 제품을 잠깐씩 소개하는 시간을 가졌다. 이 제품을 보기 위해 참석자들은 언제나 정시에 자리에 앉아 있었다. 또한, 정반대의 전략을 사용하는 경우도 있는데, 몇 시간씩 계속되는 기업 전체 회의에서 빌 게이츠 회장의 연설은 언제나 제일 마지막 순서로 잡혀 있어 참석자들이 끝까지 자리를 뜨지 못하고 앉아 있는다.

소비자 사업부장은 회의 첫머리에 생일 등 특별 축하 행사를 갖는다. 축하 시간에 늦으면 그날의 주인공에게 결례가 되기 때문에 모든 참석자가 정시에 도착할 수밖에 없다.

한편, 윈도우즈 95 출시 회의는 매주, 같은 시간, 같은 회의장에서 열렸는데, 이 덕분에 참석자들이 언제 어디로 가야 할지를 잊는 경우가 없었다고 한다. 또 한 가지 중요한 전술인 간식이 제공되었다.

전자 우편 명령어를 익혀라

전자 우편은 빠르고 쉽다. '대화'의 기록을 남겨둘 수도 있다. 그러나 끔찍한 악마로 변할 수도 있다. 자칫 잘못하면 전자 우편에 시간과 사고를 점령당하고 만다. 따라서 오늘날에는 전자 우편을 효율적으로 관리하고 적절한 에티켓을 익히는 것이 필수적이다.

'Y' 명령어를 사용하면 발신자에게만 응답하는가 아니면 그 우편에 복사된 모든 사람에게 응답하는가? '조기 세션 로그'는 도대체 무슨 뜻인가? …… 전자 우편 사용법을 익혀 난처한 입장에 처하지 않도록 주의하라.

한 유능한 직원이 마이크로소프트의 소비자 사업부에서 팀장으로 승진되었다. 승진을 축하하기 위해 그녀는 친구들과 함께 주말 스키 여행을 떠났다. 여행중 가장 화제가 된 이야기는 친구의 할머니 옷장 얘기였다. 그 할머니는 평생 독신으로 살았는데 여든다섯의 연세로 돌아가신 후 옷장을 열어 보니 갖가지 섹스 장난감으로 가득 차 있었다는 것이다. 그녀는 친구들과 멋진 주말을 보내고 돌아온 후 친구에게 농담 섞인 전자 우편을 보냈다.

"새 일을 시작하기 전에 나도 이번 기회에 옷장에 있는 섹스 장난감을 전부 치우는 게 낫겠지?"

그리고 편지 발송이라고 생각한 키를 누른 후 다음 편지를 작성하기 시작했다. 그 편지는 앞으로 그녀가 책임지게 될 오십여 명의 마케팅 사원과 프로그래머들에게 보내는 것으로 자신을 소개하는 내용이었다. 그런데 불행하게도 편지 발송이라고 생각한 명령이 첫 번째 전자 우편을 두 번째 편지에 삽입하라는 명령이었다. 그 결과 전체 팀원이 두 개의 편지를 동시에 받고 말았다. 그 후 팀원들은 시간 날 때마다 그녀의 사무실에 들러서 옷장 청소를 도와주겠다고 농담을 했다.

방금 입력한 수신자의 이름을
한 번 더 점검하라

타자 속도가 빠를 때는 주의해야 한다. 자칫 실수로 전자 우편 수신자를 잘못 입력하면 편지가 거대한 전자 블랙홀로 사라져 버린다거나 연애 편지를 공개하는 난처한 입장에 처하게 된다. 마이크로소프트에도 이런 사소한 실수로 생긴 웃지 못할 일들이 많이 전해내려 온다.

한 여사원이 파티에서 남자를 만났다. 그는 오렌지 색 점퍼수트를 입고 있었는데 두 사람은 죽이 잘 맞았다. 그녀는 다음 날 '다시 그 오렌지 색 점퍼수트를 입고(아니, 벗어도 상관없지만) 만나고 싶어요' 라는 내용의 전자 우편을 보냈다. 그런데 그녀는 실수로 파티에서 만난 남자의 전자 우편 주소를 JonSt가 아니라 JonS라고 입력한 것이다. JonS는 다름 아닌 마이크로소프트의 사장인 Jon Shirley의 전자 우편 주소였다. 다행히 존 셔얼리 사장은 유머 감각이 뛰어난 사람이었고 그 때까지 잘못 배달된 편지를 여러 차례 받은 경험이 있기 때문에 편지를 다시 JonSt에게 보내 주었다. 물론 추신을 잊지는 않았다.

"지금까지 받아 본 편지 중 최고였소."

어느 날, 수백만 달러의 사업부를 책임지고 있는 부장이 한 번도 만난 적이 없는 사람에게 아주 간단한, 일종의 연애 편지를 받았다.

"내가 하고 싶은 말은 당신을 너무 사랑한다는 것뿐입니다."

그녀의 응답은?

"그 말을 들으니 기분이야 좋지만 이 편지는 다른 카테린에게 보내야 할 것 같은데요."

다음은 보수적이라고 소문난 마이크로소프트 관리자가 벌인 사건이다. 그는 업무 변화 가능성을 모색하고 있었는데, 속마음을 털어놓고 지내는 동료 린다에게 그 내용을 전자 우편으로 보냈다.

"난 X 밑에서 도저히 일을 못 하겠어. 그 아첨꾼, 얼굴도 보기 싫어!"

그런데 린다는 두 개의 전자 우편 주소를 사용하고 있었다. 하나는 그녀에게 직접 배달되는 주소이고 또 하나는 하필 '직통 린다 스미스(Linda Smith Direct)'라는 주소였는데 후자는 팀이 공유하는 주소였다. 그 관리자는 주의를 기울이지 않고 주소록에서 린다의 이름을 찾아 발송 키를 누른 결과, 일곱 명의 팀원 모두가 그 내용을 읽고 말았다. 나중에 그는 창피함을 무릅쓰고 다시 편지를 보냈다.

"간부들에 대한 개인적인 의견을 듣고 싶으면 직접 물어보시오."

가명으로 쓰는 전자 우편 주소는 더욱 더 세심한 주의가 필요하다. 윈도우즈 95 마케팅팀의 Win95Mktg나 판매팀의 SalesTeam처럼 팀이 한 가지 이름을 대표로 사용하는 경우가 많기 때문이다.

어느 해, 아버지의 날에 한 사원이 아버지에게 가슴 뭉클한 내용의 긴 사연을 보냈다. 그런데 불행하게도 데스크탑 응용 프로그램 부서(Desktop Applications Division)의 전자 우편 주소가 하필이면 DAD였다. 정말 사랑스런 편지였지만 오백 명에 이르는 소프트웨어 개발자, 시험 연구원, 마케팅 담당자가 받을 편지는 물론 아니었다.

한번은 파리의 자회사에 있는 직원 한 명이 미국 본사의 모든 판매 사원에게 점심 식사를 함께 하자고 편지를 보낸 적이 있다. 물론 프랑스에서. 이 정도로 큰 규모의 실수를 저질렀다면 아마 사과의 편지를 보내야 하지 않을까 생각할 수 있겠지만 그래서는 안 된다. 사과 편지로 또 한 번 오백 명이 넘는 사람이 필요 없는 편지를 읽어야 하니까. 모두 잘못 보낸 편지라고 생각할 테니 한 번 씨익 웃고 넘어가도 괜찮은 일이다.

한편, 늘 사용하는 간단한 '응답(Reply)' 단추도 조심해서 사용해야 한다. 무역 박람회에 참석한 마케팅 담당자가 집에 두고 온 연인이 그리워 동료의 노트북을 빌려 사랑의 편지를 보냈다. 그는 발렌타인 데이에 함께 있지 못해 안타까운 마음을 전한 후 함께 있다면 해 주고 싶은 일을 하나하나 적어 내려갔다. 그의 연인은 메시지를 받고 다음에 만나면 그에게 해 주고 싶은 일을 역시 낱낱이 적어 답장을 보냈다. 그런데 수신자의 이름에 남자 친구의 이름을 입력하는 대신 그냥 '응답' 단추를 눌러 편지 발신자 주소로 보내 버린 것이다. 물론 가슴 울리는 연애 편지는 사랑하는 연인의 동료가 받게 되었다.

전자 우편은 예절이 없다?

전자 우편은 아주 간결하게 작성된다. 직접 대면할 때처럼 예의를 갖추지 않고 필요한 요구 사항이나 명령만 재빨리 입력할 때가 많다. 발신자의 목소리도 들을 수 없고, 얼굴 표정도 볼 수 없고, 물론 바디 랭귀지도 통하지 않는다. 이 때문에 아주 짧게 보낸 메모는 명령처럼 느껴질 수 있다. 보통 때도 말 없는 사람이니 편지도 필요한 말만 하면 어떠냐고 생각하면 안 된다. '기분 나쁜 발신자' 라는 별명을 얻으면 예상하지 못한 업무 지연이 초래될 수 있다.

상사에게서 '최대한 빨리 사무실로 오세요' 라는 편지를 받았다면 축하할 일인지 야단맞을 일인지 전혀 짐작할 수가 없다. 보통 누군가의 사무실에 들르면 '안녕하세요, 오늘은 어때요?' 라는 말부터 하지만 전자 우편은 그런 인사말로 시작하는 경우가 드물다. 따라서 읽는 사람의 입장에서 편지를 쓰는 게 중요하다. 얼굴을 보거나 목소리를 들을 수 있고, 필요하면 말을 끊고 질문할 수 있는 경우보다 더 많은 설명이 필요하다. '사무실로 오세요' 가 아니라 '이번 회의 의제를 한 번 훑어보고 싶으니 사무실에 들러 주세요' 라고 쓰는 게 바람직하다. 또한 통신에서 웃는 얼굴을 표시하는 ':)' 나 충격받은 표정 ':()' 이 우습게 보일 때도 있지만 할 말을 손쉽게 전달하는 수단이 되기도 한다.

마이크로소프트에서 승진 가도를 달리고 있던 한 판매 사원은 왜 자신이 전자 우편으로 본사에 자료나 지원을 요청하면 동료들보다 두 배 정도 시간이 더 걸려 결과물이 도착하는지 궁금했다고 한다. 사실을 알아본 결과 문제는 편지 쓰는 방식이었다. 그는 언제나 스타카토식으로 딱딱 끊어가며 편지를 적었기 때문에 받는 사람은 무례하고 지나친 요구처럼 느껴져 급한 일이 아니면 제일 나중으로 미뤄 버렸던 것이다.

전자 우편 위조를 주의하라

믿기지 않을지 모르지만 분명 가능한 이야기다. 마이크로소프트 뿐 아니라 전 세계 곳곳의 사무실에서 전자 우편 장난이 성행하고 있다. 다른 사람이 당신으로 위장해 전자 우편 위조하는 걸 방지하려면 퇴근할 때 반드시 전자 우편을 닫아야 한다.

전자 우편도 위조가 가능하다. 1989년 여름 마이크로소프트 전 사원에게 존 셔얼리 사장 이름으로 편지가 배달되었다. 곧 인원 삭감이 실시될 거라는 내용이었다. 그 편지는 진짜처럼 보였고 그 때문에 직원들은 공포에 질려 복도에 모여 웅성거리기 시작했다. 나중에서야 그 일은 해커의 장난으로 밝혀졌다. 또 한번은 장난꾼이 상사로 가장해 일흔다섯 명의 부하 직원에게 그 날 오후는 휴무라는 메시지를 보낸 적도 있다.

이런 컴퓨터 장난이 무척 힘든 일처럼 보이지만 작은 규모로 무수히 발생할 수 있다. 어느 날 마케팅팀의 수잔이 친구 타라에게 말했다.

"무슨 일이 있었는지 알아? 매점에 가서 쿠키를 집었는데 아는 사람이 옆에 있잖아. 그래서 이런 저런 얘기를 하다 보니, 세상에, 돈도 안 내고 그냥 나와 버린 거야!"

그 날 오후 수잔은 '식당 감독'에게 진지한 내용의, 긴 편지를 받았다. 물론 그녀는 식당 감독이 누구인지 몰랐다.

"오늘 12시 30분, 우리 직원 중 한 명이 귀하가 매점에서 물건 훔치는 광경을 목격했습니다. 이런 일이 요즘 상당히 빈번하게 발생하고 있기 때문에 우리는 이 일을 귀하의 상사에게 알리는 등 필요한 조처를 취할 예정입니다."

그 편지를 읽는 동안 수잔의 얼굴은 붉게 달아 올랐고 손바닥에는 땀이 고이기 시작했다. 편지는 그런 식으로 계속되었다. 수잔은 마지막 줄의 '따라서 우리는 지금부터 2주 동안 초콜릿을 먹지 말 것을 요구합니다'라는 내용을 읽기 전까지 전혀 장난 편지라는 생각은 할 수 없었다고 한다. 그 편지는 타라의 친구가 보낸 것이었다.

▼ 화난 상태에서 편지를 보내지 말라 – 진정이 될 때까지 기다려라 ▲

다음은 1985년 빌 게이츠 회장과 존 셔얼리 사장에게 배달된 편지를 발췌한 것이다. 두 사람이 마이크로소프트가 시애틀의 새 캠퍼스로 본사를 옮기는 날을 휴가로 지정할 것이라는 발표를 한 직후 이 편지가 도착했다.

수신	빌 게이츠, 존 셔얼리
발신	발신자 삭제
참조	이사하는 날

친애하는 존 셔얼리 씨,

사옥 건설이 60 퍼센트의 완성률을 보이고 있다니 얼마나 기쁜지 모릅니다. 여기 제가 있는 운영 시스템 사업부에서도 모든 일이 문제 없이 진행되고 있습니다. 개인적으로 저는 다음 주에 두 번째 네트웍 프로그램을 발표할 예정입니다.

참, 조지 워싱턴과 에이브라함 링컨 대통령을 기념하는 공식 휴일을 그런 식으로 변경하다니 정말 멋있군요. 마이크로소프트가 그렇게 대단한 정치적 권력을 가지고 있는지 정말 몰랐습니다. 올해 크리스마스는 언제지요? 제가 크리스마스 휴가계획을 벌써 세워놓았다는 사실만 제외하면 그게 언제든 저와 상관 없는 일이지만요. 물론 제가 호텔에 지불한 돈은 회사에서 보상해 줄 테고, 특히 그 정도야 마이크로소프트처럼 엄청난 수익을 긁어 모으는 회사에게는 껌값 정도도 안되잖아요? 아무튼 그 문제에 대해서는 기분 나빠해서는 안 되겠죠.

마이크로소프트 정도의 재력을 갖춘 회사 가운데 직원들에게 휴가를 반납하고 나와서 이사를 도우라는 회사는 흔치 않을 겁니다. 사실 난 기분이 좋습니다. 마이크로소프트 덕분에 멀리 이사가게 되었거든요. 그냥 회사를 따라 그 먼 거리를 옮기기만 하면 되니까요.

그런데 한참 후에야 왜 그렇게 친절하게 이사를 직접 도울 기회를 주는지 깨달았습니다. 그건 바로 회사의 이미지 때문이죠. 많은 회사들이 직원들에게 줄 일거리가 없으면 인원 감축을 실시하지요. '당신한테 줄 일거리가 없으니까 다음 주에 오시오' 하고 말입니다. 근데 이것도 낡은 방식입니다. 예전에나 그랬지, 요즘같이 기술의 최전선에서, 아방가르드한 노사 관계 속에서는 당연히 달라야 하지요. 리 라코카가 그것에 대해 책을 썼다지요? 브루스 스프링스틴도 그런 내용을 담은 노래를 썼구요. 그래요, 마이크로소프트는 다릅니다. 우린 최첨단이고 컴퓨터 분야를 이끄는 지도자이고 기업계의 혁명분자들입니다.

그래서 우리는 인원 감축은 하지 않지요. 대신 달력 개혁을 합니다. 그리고 이렇게 말하는 거지요 : '당신한테 줄 일거리가 없군요. 그러니까 내일은 7월 4일, 즉 크리스마스 다음 날이고, 그 다음은 아, 당신 휴가일이군요. 또 그 다음은 노동절이니까 … 그러니 다음 주에 오시오.'

달력 개혁은 완전히 새로운 방식입니다. 흥미롭고 색다르지요. 개인적으로 말하자면 마이크로소프트에서 일한다는 게 정말 자랑스럽습니다. 참, 스프링스틴 씨에게 전화를 할 거라면 노래 가사는 제가 쓰겠습니다.

안녕히.
(이름 삭제)

MS 직업 관리에 필요한 모든 것
나는 마이크로소프트에서 배웠다

그날 그날 바쁜 일에 몰두하다 보면 전체적인 균형을 간
과하기 쉽다. 흔히 말하는 '나무 때문에 숲을 보지 못하
는' 현상이다. 물론 현재 맡은 임무를 성공적으로 완수하
는 것은 중요하지만 자신이 추구하는 목표를 정확히 파
악하고 그 목표를 달성하기 위한 최선의 방도를 마련하
는 것 역시 중요하다. 궁극적으로 자신이 원하는 것이 무
엇인지를 생각하라. 아무 생각 없이 다음 승진 목표, 다
음, 다음 하는 식으로 일하며 주어진 서열의 사다리를 올
라가서는 안 된다. 폭넓은 경험을 쌓기 위해 수평적인 이
동을 선택하는 것도 현명한 방법이다. 자신의 직업에 가
장 많은 관심을 가진 사람은 다름 아닌 자신이다. 따라서
충분한 사고와 에너지를 투자해 진정 자신을 위한 선택
을 해야 한다.

직업을 선택하기 전에
자신을 알라

나는 조직의 중심에서 활동하기를 좋아하는가? 최고가 되려면 안정적인 분위기가 필요한가? 지적인 자극을 갈망하는가? 어쩌면 유능한 상사를 만나는 것이 가장 중요할지도 모른다. 다음 번 자리를 바꿀 때는 반드시 자신을 먼저 파악하도록 하라.

사라 리어리는 젊고 영리하고 활동적인 여성이다. 그녀는 대학시절 미국 최고의 라크로스 골키퍼였고 마이크로소프트에 입사한 후에도 그녀 특유의 긴장감과 승리에 대한 집중력을 유감없이 발휘했다. 그녀는 워드 마케팅팀에서 오 년을 근무하면서 워드의 성장을 도왔다. 그 팀은 대규모 예산 지원과 분명한 목표를 가진 마이크로소프트 최고의 팀이었다.

그녀는 빠른 속도로 일에 몰두했고 결과 역시 훌륭했다. 실패가 두려워 프로젝트를 거부하는 일도, 빠듯한 마감 시한 때문에 두려워하는 일도 없었다. 한 번에 하나씩 도전하며 다음 번에는 더욱 까다로운 과제를 맡았다. 오피스 제품을 출시했을 때 마이크로소프트는 그녀를 홍보 활동의 선두에 내세웠는데, 당시 그녀는 인공위성을 타고 전 세계적으로 방송되는 윈도우즈 95 시연장에서 TV 스타 제이 리노와 재치있는 대담을 펼치기도 했다.

이후 사라에게 국제 마케팅팀에 합류할 기회가 주어졌다. 그녀는 유럽과 아시아 여행을 꿈꾸며 다른 문화권에서 사업 운영 방법을 배우겠다는 기대에 부풀어 그 자리를 받아들였다. 스물여섯 살의 젊은이에게는 상당히 힘든 일이었지만 그녀는 이번에도 훌륭히 해 냈다. 그러나 그 일은 중앙 무대에서 벗어난 일이었다. 사실, 사라가 맡은 중요한 일이라는 게 이전 팀에서 담당했던 일들을 자회사에 전달하는 것에 지나지 않았다. 그녀는 끝없는 전자 우편, 메모, 계획서에 둘러싸여 있었다. 무엇보다 사라가 참을 수 없었던 것은, 다른 사람이 이미 한 일을 분석, 전달한다는 사실이었다. 마침내 그녀의 지겨움은 극에 달했다.

사라는 변두리에서 일하는 것을 싫어했다. 물론 그녀는 원하던 대로 러시아와 유럽을 방문했다. 예전보다 근무 시간도 줄었고 밤새워가며 맞춰야 하는 프로젝트도 별로 없었다. 그러나 그녀는 핵심 활동에서 제외되었다는 사실을 참을 수가 없었다. 넉 달 후, 그녀는 다른 일을 하고 싶다고 말했다. 이번에는 '인트라넷'이라는 새로운 분야의 집중 프리젠테이션 기획에 참여할 기회가 주어졌다. 그녀는 다시 밤을 새워가며 열심히 일했고 엄청난 양의 일을 처리하면서 웃음을 되찾았다.

일을 강물에 비유한다면, 어떤 사람은 '잔잔한 물결'처럼 흘러가는 일을 좋아하고, 어떤 사람은 '급류'를 헤치며 나가는 일을 좋아한다. 따라서 자신이 좋아하는 작업 환경을 찾고 그 분야에서 최고가 되는 걸 목표로 삼아야 한다.

자기 직업을 가장 아끼는
사람은 바로 자신이다

마이크로소프트의 수석 부사장 마이크 메이플즈는 언제나 직원들에게 직업 관리의 중요성을 역설한다. 자기 직업을 가장 아끼는 사람은 바로 자신이라고 강조하면서. 다양한 능력을 익히기 위한 수평 이동, 상사의 후임자가 될 수 있는 팀, 중요한 프로젝트…… 어떤 것을 목표로 하든, 주저하지 말고 자신이 원하는 것을 말하라.

엑셀 프로그래머로 5년을 근무한 후 엑셀 프로그램 책임자가 된 크리스 피터즈는 상사에게 전혀 예상하지 못한 요구를 했다.

"잠시 휴직을 하고 MBA를 따고 싶습니다. 1~2년 후에 반드시 돌아오겠습니다. 전 부장이 되고 싶기 때문에 마케팅 전반에 관한 공부가 필요하다고 생각합니다. 기술 분야만이 아니라 전체 사업을 운영하고 싶거든요."

상부에서는 그의 말을 진지하게 받아들였다.

"자네가 부장이 되고 싶어할 줄은 전혀 몰랐네. 그냥 프로그래밍을 좋아하는 줄 알았지."

한 간부의 말이었다.

크리스는 자신의 관심, 자신이 생각하는 장점, 경험이 필요한 부분을 자세히 설명했다.

"자네가 원하는 것을 직장에서 배울 수 있다면 어떻게 하겠나? 지금 부장이 되게 해 준다면, 그래도 경영 대학원에 갈 생각인가?"

간부들이 묻자, 크리스가 대답했다.

"아니오."

그래서 크리스 피터즈는 워드 사업부의 부장으로 승진되었다.

자신의 관심 분야를 알리면 더 많은 기회를 갖게 된다.

나무가 아니라 숲을 보아라

목표로 하는 직업 유형, 능력, 오르고자 하는 직위를 미리 계획하는 것 등은 물론 좋은 일이다. 그러나 특정 지위나 팀에 지나치게 집착하면 안 된다.

벤 월드맨은 1989년 마이크로소프트에 입사했다. 그는 애플 매킨토시를 좋아했는데, 매킨토시용 소프트웨어 제조업체 가운데 마이크로소프트가 선두를 달리고 있었기 때문에 마이크로소프트를 선택한 것이다. 그는 매킨토시용 엑셀 프로그래머로 매킨토시 사용자들을 위한 멋진 소프트웨어를 개발하면서 보람찬 시간을 보냈다.

그러던 중, 그에게 다른 기술 분야에서 일할 기회가 주어졌다. 그는 그 제안을 기꺼이 받아들였다. 몇 년 동안 매킨토시용 엑셀에서 일하던 그는 이제 윈도우즈에서 일하게 되었다. 그 후에는 초보자들이 PC를 배우는 과정과 인간과 컴퓨터의 상호 작용을 연구했다. 그는 어떤 분야가 흥미있고, 도전할 만한지 미리 정하지 않고 마음을 열어 두었다. 그리고 새로운 일을 할 기회가 생길 때

마다 열심히 했다. 그렇게 칠 년이 흐른 후, 이십대 후반의 벤은 마이크로소프트의 핵심 기둥인 오피스 소프트웨어 개발팀을 책임 지고 있다. 처음 그의 관심이었던 매킨토시 소프트웨어만 고집했 더라면 그런 직위까지 오르지 못했을 것이다.

이와 대조적으로, 마이크로소프트의 광고를 맡고 있던 광고 대 행사의 회계 부장이 팸플렛, 우편 광고물 등 인쇄물 작업을 위해 마이크로소프트에 결합했다. 그는 훌륭하게 일을 해 냈고 팀장이 되었다. 그러나 다른 분야에서 경험을 쌓을 기회가 여러 번 주어 졌지만 받아들이지 않았다. 몇 년이 지나자 그는 자신이 맡은 분 야에서 최고가 되었다. 그는 마이크로소프트를 사랑했다. 그러나 자신이 선택한 분야에서 계속 성장하려면 어쩔 수 없이 회사를 떠나야만 했다. 만약 그가 마음을 열고 새로운 분야를 탐색했다 면 자신이 흥미 있는 분야를 찾고 마이크로소프트에 계속 남았을 지도 모른다.

때로는 특정 관리자가 담당 프로젝트에 참가하는 것을 목표로 열심히 일했는데 바라던 기회가 주어지기 직전에 관리자가 바뀌 는 바람에 팀이 재조직되거나 프로젝트가 아예 취소되는 허탈한 경우도 있다. 따라서 언제나 시선을 크게 두어야 한다. 원하는 경 험이나 직위를 정하라. 하지만 그 목표를 달성하기 위해 점찍어 둔 프로젝트가 있다 해도 그것 하나에만 매달려서는 안 된다. 마 음을, 그리고 가능성을 열어 두어라. 기회란 생각지도 못했던 곳 에서 주어질 수 있으니까.

때로는 하찮게 생각한 일에서
황금 같은 기회가 생긴다

전략적으로 중요하고 전망있는 일만 최고의 경험을 보장하는 것은 아니다. 기회를 찾을 때는 눈에 보이는 것 이상을 보아야 한다.

워드 마케팅팀에서 CD-ROM팀으로 부서를 옮긴 나는 마이크로소프트의 핵심 전략 부분에서 제외된 듯한 느낌을 받았다. 회사 수익면에서 따져 봐도 CD-ROM팀에서 개발한 스물다섯 개의 제품이 벌어들인 총수익은 워드 판매 수익의 10 퍼센트에도 미치지 못했다. 그러나 우리는 매달 새로운 타이틀을 개발했고 나는 그만큼 풍부한 제품 출시 경험을 쌓아갔다(워드팀에서는 새 버전이 출시되는 데 약 여덟 달 정도 걸렸다). 새 고객과 급변하는 시장에 대처하는 방법도 빠르게 익혀 나갔다. 그리고 내 상사가 다른 부서로 옮겨갔을 때 나는 이백 명의 직원을 책임지는 자리로 승진하게 되었다. 워드팀에서 몇 년 동안 기다려 왔던 기회가 전혀 기대하지 않았던 곳에서 주어진 것이다.

내 친구 스테파니는 마케팅 부서로 발령 받은 후 사보 제작을

맡게 되었다. 사보 제작은 입사 초기 시절에 맡았던 일이라 경력
적은 사원이 맡아야 할 일이 아닌가 하고 생각했지만 일단 주어
진 상황을 최대한 활용하기로 했다. 우선 스테파니는 사보를 사
내의 의사소통 도구가 아니라 '마이크로소프트라는 상표를 알리
는 도구'로 생각했다. 우선 마이크로소프트 그룹이 지금까지 만
든 사보를 조사해 비용을 반으로 내리고 최신 정보를 싣기 위해
체계를 재구성했다. 그런 후 사보를 읽는 사람이 누군지, 그들이
좋아하는 방식은 무엇이고 개선이 필요한 부분은 어딘지에 관한
조사를 실시했고 그에 따른 변화를 일구어냈다. 이 과정에서 주
요 고객을 파악한 후 그들을 사보의 대변인으로 만들었다. 이런
식으로 사보의 모양과 정보가 급격히 향상되자 일부 내용이 상업
잡지 기사에 이용되기도 했다. 그리고 곧 스테파니는 팀장으로
승진되었다.

때로는 순전히 운이나 남다른 선견지명 덕분에 성공할 수도 있
다. 1980년대 후반 제이 알라드는 그 당시 잘 알려져 있지 않은
네트워크 프로토콜 TCP/IP 연구에 많은 시간과 노력을 투자했다.
돋보이는 작업은 아니었지만 TCP/IP 프로토콜이 언젠가는 중요
한 요소가 될 거라 믿었고 곧 마이크로소프트에서 TCP/IP 전문가
가 되었다. 그런데 아무도 관심을 두지 않던 TCP/IP가 급부상하
는 인터넷의 표준 프로토콜로 제정되었고 제이는 회사에 소중한
존재가 되었다. 1996년에는 《비즈니스 위크(Business Week)》지에
소개되기도 했다.

면접 전에 알고 있어야 할 것

준비, 준비, 준비. 사전에 준비하라. 입사 후 맡게 될 업무에 대한 지식 등 질문
은 어느 것이든 가능하다. 그러므로 면접 장소에 들어가기 전에 충분히 조사하
고 생각해 두어야 한다.

직장 내 부서 이동을 고려하고 있던 나는 어린이 소프트웨어
사업부의 마케팅 팀장에게 비공식적으로 만날 수 있겠느냐고 물
었다. 그녀는 좋다 했고 우리는 약속 시간을 정했다.

그런데 그녀의 사무실로 걸어들어가자마자 나는 엄청난 질문
세례를 받았다.

"이 시장에서 가장 힘든 과제가 뭐라고 생각해요? 제품을 향상
시킬 방법에 대해서는 생각해 봤나요? 마케팅의 초점을 부모에게
맞추겠어요, 아니면 아이들에게 맞추겠어요? 현재 쓰기 제품과
그리기 제품이 있는데 새 PC와 번들로 출시하려면 어떤 제품이
좋겠어요? 그 이유는 무엇이고, 가격은 어느 정도가 적당하다고
생각해요?"

나는 그녀가 어린이 소프트웨어 분야에 대해 설명해 줄 거라고

생각했기 때문에 아무런 준비도 하지 않은 상태였고 그만큼 충격이 컸다. 결과는 뻔했다. 나는 한 시간 동안 쩔쩔맸고 그녀는 나를 고용하지 않았다. 그 경험 때문에 나는 충격을 받았을 뿐 아니라 그 후로도 한동안 좌절감에 시달렸다.

몇 달 후 나는 새 CD-ROM 제품을 담당하고 있는 팀을 만나러 갔다. 팀장은 비공식 회의라고 말했지만 이번만큼은 철저하게 준비하고 싶었다. 그래서 첫 번째 회의가 있기 전날 밤 나는 친구와 외식을 하면서 그들이 어떤 질문을 하고, 어떻게 대답해야 할지를 토론했다. 그런데 왠지 한 분야를 선택한 후 그 분야의 CD-ROM 판매를 위한 전체 마케팅 계획을 작성해 보라는 요구를 받을 것 같은 느낌이 들었다. 그래서 여행을 좋아하는 나는 여행 CD를 선택하고 친구와 함께 여행 CD의 목표 시장, 경쟁사, 가격, 여행서는 제공할 수 없지만 컴퓨터로는 제공 가능한 특징들에 대해 이야기했다. 그냥 식사를 하면서 제품 마케팅에 대해 생각나는 대로 이야기를 나눈 것이다.

그런데 이게 웬일인가! 다음날 내가 만난 모든 사람들이 CD-ROM 마케팅에 대해 물어 왔고 나는 여행 CD를 예로 들어가며 설명했다. 물론 고객, 시장, 경쟁사에 대한 질문도 빠지지 않았다. 전날 친구와 저녁 먹으면서 이야기한 것을 정리해 조리정연하게 대답한 것이다. 그 결과?

나는 그 자리를 얻었다.

비장의 무기를 준비하라

이력서, 추천장, 과거 실적 평가서, 작업 표본…… 어느 것이라도 괜찮다. 면접 관에게 자신의 재능을 증명할 비장의 무기를 준비하라.

비장의 무기는 일찍 준비하는 게 좋다. 나는 삼 년 동안 워드팀에서 일했고 변화가 필요하다는 것을 알았다. 다른 부서로 가고 싶었던 것이다. 마침 평점도 계속 올라가고 있었기 때문에 나는 상사에게 말했다.

"아직 확실하게 마음을 정한 건 아니지만 제가 일하고 싶은 부서의 간부에게 이 평가서를 제출하고 싶은데, 진짜 멋있게 보이도록 도와 주실 수 있나요?"

내 부탁을 들은 상사는 내가 맡았던 일에 대한 자세한 정보를 추가한 후 멋진 추천의 말로 평가서를 마무리했다. 나는 목표로 한 팀의 팀장과 면접하는 자리에 그 평가서를 가지고 갔다. 팀장이 원하면 인사부를 통해 평가서 사본을 얻을 수 있겠지만 면접 직후 내 평가서를 보여 주고 싶었기 때문이다. 그리고 나는 고용되었다.

면접용 비장의 무기는 자신이 만들어 낸 물건이 될 수도 있다. UCLA 경영 대학원 출신의 한 지원자는 자신이 비즈니스맨을 위해 개발한 물건 — 양말에 부착하는 셔츠 가터 — 을 들고 와 자랑하기도 했다. 그는 직접 착용하고 왔는데 면접관에게 보여 주기 위해 그 자리서 바지를 걷어올렸다고 한다. 이 년 후 다른 UCLA 학생은 가슴을 드러낸 멋진 남자의 사진으로 달력을 만들어 여성 면접관들에게 환호를 받기도 했다.

인맥을 이용하는 것도 좋은 생각이다. 나는 이전 상사에게 나를 고용할까 고려하고 있는 팀장에게 전화를 걸어 말 좀 잘 해달라고 부탁한 적이 있다. 또 한 번은 여러 프로젝트에서 나와 함께 일한 사람들의 이름을 적어 주면서 혹시 필요하면 그들에게 전화를 걸어 보라고도 했다.

이력서를 자주 점검하라

헤드 헌터에게서 걸려 온 전화에 답하거나 사내에서 업무를 바꿔 보고 싶을
때 내세울 만한 성과를 그때 그때 이용할 수 있도록 미리 정리해 두어라.

마이크로소프티는 여섯 달마다 진행되는 상사와의 실적 평가에
서 자신이 달성한 성과를 종합 정리한다. 내 친구 카테린은 그때
이력서 내용도 함께 갱신한다.

"어차피 성과를 정리하는 거라면 이력서에도 추가해 두는 게
좋지, 뭐."

이력서를 서류철에 보관하는 카테린은 예상치 못한 기회가 주
어졌을 때 즉시 대응할 수 있다고 말한다. 면접 전에 자신의 경험
을 재검토하거나 헤드 헌터에게서 걸려온 전화에 답하는 등 유용
하게 사용되는 것이다. 생각해 보라. 4~5년 전 자신이 이뤄낸 중
요한 성과를 가장 잘 기억할 사람은 누구이겠는가? 그냥 넘어갈
수도 있지만, 그 성과 하나로 다른 지원자들보다 훨씬 높은 점수
를 받을 수 있다는 사실을 잊지 말아야 한다.

전달하고 싶은 메시지와
장점 세 가지를 정하라

미리 준비만 했다면 어떤 질문을 받든지, 면접관이 어떤 식으로 접근하든지 관
계 없이 원하는 메시지를 전달할 수 있다.

내 친구 주디는 채용 면접을 준비하고 있었다. 목표로 삼은 직업의 특성과 직위에 적합한 자신의 장점과 특기를 미리 생각한 후 세 가지 즉, 리더십, 창의력, 업무 처리 능력을 부각시키기로 결정했다. 그리고 과거 경험 중에서 새 직업과 관련되는 예를 골라 면접관에게 반드시 전달하리라 다짐했다.

그런데 면접관은 여러 가지 질문을 하면서도 주디가 하고 싶은 이야기를 꺼낼 수 있는 질문만 피해갔다. 주디는 면접관 뒤쪽 벽에 걸린 시계를 보고 시간이 얼마 남지 않았다는 생각에 마침내 먼저 말을 꺼냈다.

"전 소매부서에서 일한 경험이 있는데, 아직 그 얘기를 하지 못한 것 같습니다. 그 경험이 이 일에는 아주 중요하다고 생각하는데, 이유는……."

이렇게 말을 시작한 주디는 미리 준비한 내용을 차근차근 설명하기 시작했다.

첫 번째 이야기가 끝나자마자 주디는 다음 질문을 했다.

"여기서 맡아야 할 업무를 생각할 때 지원자로서 제게 걱정되는 부분은 없습니까?"

면접관은 잠시 생각하더니 말했다.

"사실, 해외 경험이 없어 보이는데, 이 일은 때때로 해외 자회사와 교류가 있거든요."

주디는 교환 학생 때의 경험, 여러 번의 해외 여행에 대해 말했다. 그녀가 먼저 묻지 않았더라면 면접관은 그 직업의 국제적인 면에 대해서 한 마디도 꺼내지 않고 당연히 경험이 없겠거니 생각했을 것이다. 그리고 면접이 끝나기 전 주디가 다시 말했다.

"요약해서 말하자면 ……."

주디는 간결하게 그 직위가 요구하는 자신의 장점과 경험을 다시 강조했다.

자신이 전달하고자 하는 말과 전달할 방법 — 한 예로, '아직 그 얘기를 하지 못한 것 같습니다 …….', '……걱정되는 부분은 없습니까?', '요약해서 말하자면…….' — 을 알고 있었기 때문에 면접 시간을 적절히 이용해 마침내 원하던 자리를 얻을 수 있었다.

"만약 당신이 작은 동물이라면, 얼마나 작다고 생각합니까?"

일반적인 면접 질문에 대한 답변을 간결하고 설득력 있게 준비하면, 예상하지 못한 질문에 보다 여유있게 대처할 수 있다.

위 제목은 면접관이 던질 수 있는 그야말로 황당한 질문의 사례이다. 이처럼 전혀 예상하지 못한 질문도 있을 수 있지만, 충분히 예상 가능한 질문도 있다. 아래의 질문에 대한 대답을 미리 준비해 두어라. 이런 유형의 질문은 언제나 나오기 마련이므로 미리 시간을 투자해 대답을 준비할 만한 가치가 있다. 면접관에게 생각나는 대로 말하는 것보다 높은 점수를 받을 것은 말할 필요도 없다.

- 당신의 장점과 약점은 무엇입니까?
- 다음 항목에 대한 예를 들어 보시오.
  - 리더십
  - 창의성

―문제 해결 능력
―이 직업과 관련된 경험
―불가능해 보이는 상황을 극복한 경험
―마케팅에 성공한 제품과 그 이유
―사업상 까다로운 문제를 해결한 경험

전혀 예상하지 못한 질문을 받을 때 우선 침착성을 잃으면 안된다. 잠시 생각을 하라. 면접관에게 질문 받는 즉시 대답해야 하는 것은 아니다.

다음은 이런 질문의 예다.

• 사람들이 하루에 '그'라는 말을 몇 번이나 사용한다고 생각합니까?
• 왜 CD 크기가 오늘날처럼 정해졌을까요?
• 우리 나라에 주유소는 몇 개나 될까요?

이런 질문은 구체적인 지식이 아니라 지원자의 유추 능력과 침착성을 시험하는 것이다. 따라서 대답의 범주를 구체화시키고 사고 과정을 면접관이 따라올 수 있도록 해야 한다.

한 예로, 주유소 질문에서는 이렇게 시작할 수 있다.

"현재 우리 나라 인구는 약 2억 6천 명이고 가구 수는 약 1억 정도 됩니다. 그 가운데 X 퍼센트가 두 대의 차를 소유하고 있을 것이며, Y 퍼센트는 한 대를, 나머지는 차를 소유하지 않은 것으로 생각합니다. 이들이 이 주에 한 번씩 기름을 넣는다면…….."

분명한 정보를 전달하거나 사람들의 운전 습관에 대해 파악하고 있어야 할 필요는 없다. 단지 차분한 자세로 사고하는 모습을 보여 주기만 하면 된다.

어떤 질문은 그 직업과 전혀 관계 없는 것처럼 보인다 하더라도 차분히 다시 생각해 보는 자세가 필요하다. 면접관은 소프트웨어 디자이너 지원자에게 완벽한 TV 리모콘에 대해 설명해 보라고 물을 수도 있다. 이는 문제를 어떻게 분석하고, 얼마나 간단하게 또는 복잡하게 해결책에 도달하는지, 해결책이 고객의 요구를 충족시킬 수 있는지를 보기 위한 질문이다. 소프트웨어 디자인에는 이런 능력이 필수적이기 때문이다. 마케팅 부서 지원자라면 '당신이 제품이라면 어떻게 하겠소?', 판매부서 지원자라면 연필을 주면서 '이 연필을 나한테 팔아 보시오'라는 질문을 받을 수도 있다.

한편, 회사의 당면 문제를 질문하기도 한다. 마이크로소프트 지원자라면 '인터넷상에서 소프트웨어 판매의 장점과 단점은 뭐라고 생각합니까?', '100개의 워드 소프트웨어를 기증한다면 도서관에 기증하는 게 좋겠습니까, 아니면 학교가 좋겠습니까?'라는 질문을 받을 수 있다.

어떤 질문을 받든 결론에 도달하는 과정을 면접관에게 보여 주고, 또 필요한 자료나 정보가 있으면 물어보는 것도 괜찮다. 다시 말하지만, 이런 질문의 목적은 회사의 운영에 대해 얼마나 많은 지식을 갖고 있는지를 시험하는 게 아니다. 핵심은 문제 해결 능력과 창의력이다. 때로는 지원자가 핵심사항을 질문하기를 기대하며 고의로 필요한 정보를 뺀 채 질문하기도 한다.

직장은 평생을 좌우한다?

승진에서 탈락되었다. 같은 부서의 동료가 월급을 더 많이 받는다. 원하는 분야로 전출받지 못했다…… 이유는 많다. 하지만 그런 일에 지나치게 집착해서는 안 된다. 직장은 적어도 오십 년을 머물 곳이다. 언제나 최선을 다하면 좋은 결과를 얻을 수 있다.

"여기서 보내는 십 년 중에서 삼 년 정도는 우리를 봐줘야 할 거네."

이것은 회사 간부가 젊은 관리자에게 원하는 직위를 얻을 수 없는 이유를 설명한 말이다. 누구나 나름대로 직업에 대한 요구를 가지고 있다. 그러나 기업의 요구도 있는 법이다. 게다가 경제 조류, 경쟁 회사의 활동, 신기술 도입 등 기업에 영향을 끼치는 외부적 요인도 있다. 한마디로 말해서 이 세상은 자신이 원하는 대로 돌아가지 않는다.

원하는 것을 얻지 못한 경우, 최선의 선택은 주어진 부분에서 최고가 되는 것이다. 유능한 부하 직원이 있었다. 나는 그에게 엄청난 짜증과 피곤을 동반하는 재정 보고서 작성을 맡겼다. 물론 그 직원 역시 귀찮았지만 자기가 제일 잘 할 수 있는 사람이라는 생각으로 맡았다. 그는 최선을 다했고 결과도 훌륭했다. 물론 나는 그가 보고서를 힘들게 준비했다는 걸 충분히 짐작하고 있었다. 그래서 그 노력에 합당한 보상을 해 주었다. 당시 그는 관리 경험을 원하고 있었기 때문에 나는 팀원 중에 동등한 능력을 가진 직원이 있었지만 그에게 여름 인턴 사원 관리 책임을 맡겼다.

한 직장에 오십 년을 머물 수도 있다. 그러나 언제나 승진 가도를 달릴 수는 없다. 어떤 때는 휴식이 필요하고, 가족 대소사도 챙겨야 하고, 때로는 그냥 몇 년 동안 다른 일을 하며 에너지를 회복할 필요도 있다. 이런 일은 마이크로소프트에서도 자주 발생하는데, 한 가지 좋은 점은 직원이 원할 경우 회사에서 충분히 배려하고, 이것은 자연스럽게 마이크로소프트의 문화로 자리잡았다는 것이다.

핵심 사업부의 유능한 마케팅 팀장은 생긴 지 얼마 되지 않는 야구와 농구 CD-ROM팀으로 옮겼다. 그때 사람들의 반응은 '도대체 무슨 문제가 있는 거야?', '지금 저 사람 제 정신이야?'가 아니라 '와, 정말 멋있는데! 재밌을 것 같아'였다. 그는 NBA 팀과 만나고 올스타 게임을 관람하는 등 일 년 반 동안 스포츠 팬으로서 하고 싶은 모든 일을 경험한 후 완전히 재충전된 모습으로 다시 이전 부서로 돌아와 더욱 무거운 책임을 맡았다.

삼백 명을 책임지고 있던 어떤 관리자는 서른 명 안팎의 신제품 개발팀으로 자리를 옮겼다. 그 팀에서 맡은 일 가운데는 컴퓨터 코드를 작성하는 따분한 일도 포함되어 있었다. 그러나 그는 인터넷에 대해 배우고 싶었고, 관리직에서 잠시 떠나 기술 분야에서 일하고 싶어했다. 바로 그가 기다리던 변화였던 것이다. 어떤 직원은 일 년간 휴직서를 내고 글자 그대로 회사를 떠나 취미

생활을 즐기다 열두 달 후 재충전된 모습으로 돌아와 다시 일을
시작하기도 한다.

개인 '이사회'를 두어라

직장 상사 가운데 솔직하게 조언을 구할 수 있는, 현재 맡고 있는 업무 또는 미래의 계획 등을 함께 얘기할 수 있는 사람이 있어야 한다. 그들은 비공식 카운셀러이자 조언자가 될 수 있다. 자신의 가슴 아픈 약점을 지적하고 새로운 기회를 제시할 수 있는 소중한 사람들이다.

내 친구 한 명은 마케팅팀에 계속 머물면서 승진을 할 것인가 아니면 다른 분야로 옮겨 몇 년을 같은 직위에 머물더라도 새 업무를 익힐 것인가를 두고 고민한 적이 있었다. 승진은 물론 쉽게 거절할 수 없는 유혹이었다.

그래서 그는 개인 '이사회'에 조언을 구했다. 그 첫 번째가 이전 상사로, 그녀는 그의 일에 대해서 잘 알고 있었다. 그녀는 그를 영리하고 능력있는 사원으로 생각했고, 아직 직장 생활 초기이니까 다른 부서로 수평 이동을 함으로써 경험을 넓히는 게 중요하다고 말했다. 승진이 주는 만족은 느끼지 못하더라도 새로운 분야에서 전문성을 획득하는 것이 결국 미래를 위한 선택이라는 의견이었다. 두 번째 스승은 마케팅 부서에 곧 재조직이 있을 것이라는 사실을 알고 있었다. 그것은 기밀 사항이기 때문에 말할

순 없었지만 대신 부드러운 말로 그에게 새 부서로 옮기라고 충고했다. 내 친구가 마지막으로 찾아간 사람은 바로 새로 옮길 것을 고려하고 있는 부서에서 광범위한 경험을 쌓은 상사였는데, 그 상사 역시 많은 것을 배울 수 있는 기회라며 기꺼이 추천했다. 내 친구의 개인 '이사회'는 회사와 내 친구 모두를 잘 알고 있었기에 황금 같은 조언을 해 주었다. 고민 끝에 친구는 수평 이동을 택했고 지금까지 훌륭하게 일을 해 내고 있다.

한편, 개인 '이사회'를 이용하면 전문 분야에서 최고가 될 수도 있다. 업무를 성공에 필요한 세부 분야 즉, 협상, 아이디어 제시, 인력 동원 등으로 세분해서 각 분야에서 성공을 구현하고 있는 상사에게 조언을 구하는 것이다. 또한 그들과 자신의 행동을 비교하거나 단지 관찰하는 것만으로도 많은 도움을 받을 수 있다.

360도 평가

360도 평가에 들어가면 모든 방면에서 철저한 평가를 받는다. 상사, 동료, 부하 직원 모두가 무기명으로 장점과 개선이 필요한 부분을 평가한다. 이렇게 자세한 관찰 아래 놓인다는 사실이 두려울 수도 있겠지만, 일단 인내력을 가지면 직장에서 자신이 어떤 평가를 받고 있는지 정확히 파악할 수 있는 훌륭한 방법이 된다.

전문 평가 회사를 이용하거나 직접 작성한 양식을 나눠줌으로써 직원에 대한 전면적인 평가를 할 수 있다. 그리고 무기명으로 작성된 양식을 받아 보면 전혀 예상하지 못한 소중한 피드백을 받을 수 있다.

승진 가도를 달리고 있던 한 유능한 직원이 있었는데 그녀는 상사에게 똑똑하고 조직력도 뛰어나다는 평가를 받고 있었다. 그러나 360도 평가를 실시했을 때 전혀 예상하지 못한 결과를 받았다. 돋보이는 실력을 발휘한 역효과로 동료들은 그녀를 냉정하고 불친절한 사람으로 생각한 것이다. 그리고 부하 직원들은 필요한 말만 똑똑 끊어서 하는 그녀에게 압도당한 느낌을 받아 쉽게 접근할 수 없는 사람이라 짐작하고 아이디어나 힘든 문제가 있어도 그녀에게 말할 수가 없다고 평가했다.

그녀는 친구들을 찾아가 그녀의 표현대로 '진짜 사람'이면서 동시에 유능한 일꾼이 될 수 있는 방법을 의논했다. 그리고 친구들의 조언을 실천에 옮겼다. 회의 때면 바로 의제로 들어가지 않고 몇 마디씩 대화를 나누는 시간을 가졌다. 그렇게 편안한 대화 속에서 남편이나 새 집 수리에 대해 이야기하며 스스럼없이 직원들에게 자신을 알려나갔다. 그리고 곧장 회의실로 향하지 않고 중간에 동료들 사무실에 들러 인사를 했다. 사람들과의 관계가 편안해지자 그들 역시 그녀를 편하게 대했다. 동료들과 함께 점심 식사를 하는 횟수도 늘었고, 부하 직원들도 힘든 문제가 생기면 혼자서 끙끙대다 어쩔 수 없이 그녀를 찾는 게 아니라 스스럼없이 그녀의 조언을 구하러 왔다. 물론 전에는 감히 상상하지 못했던 일이다. 심지어 상사의 신뢰도 높아져 그녀에게 마음을 털어놓기까지 했다. 몇 달 동안의 변화 과정이 힘들긴 했지만 그녀는 친밀한 인간 관계를 형성해 한층 만족스러운 직장 생활을 할 수 있게 되었다.

선견지명이 필요하다

새로 맡은 업무가 재미있어 보이긴 한데, 여기서 일하는 게 과연 성공에 도움
이 될까? 승진이 좋긴 한데, 이 일이 정말 내가 세운 최종 목표를 달성할 수
있는 최선의 방법일까? 자리를 옮기고 싶으면 그땐 어떻게 할까?

예전에 어떤 상사는 이런 말을 했다.

"다음에 맡을 자리만 생각하지 말고, 그 일을 한 뒤에 올라갈
수 있는 자리는 무엇인가 생각하라."

한 분야의 전문가가 되고 싶은가 아니면 갖가지 지식을 고루
갖춘 사람이 되고 싶은가? 한 예로, 오 년 뒤에 직접 자기 사업을
운영할 계획이라고 가정해 보자. 어떤 일이 그 목표를 달성하는
데 가장 도움이 될까? 오랫동안 겨냥했던, 모두가 부러워하는 승
진의 기회는 참으로 뿌리치기 힘든 유혹이지만 언제나 장기적인
목표에 초점을 두고 그 목표 달성을 위해 스스로 준비하는 자세
가 필요하다.

내 친구 알렉스는 홍보와 광고 분야에 많은 경험을 가지고 있
었지만 마이크로소프트에서 부장 직위에 오르려면 마케팅뿐 아니

라 기술적인 부분과 제품 개발 과정도 알고 있어야 한다고 생각했다. 그래서 비트와 바이트가 무엇인지 제대로 모르던 그라 조금 겁이 나긴 했지만 기술 분야를 선택했다. 이전 업무에 비해 재미도 없고 멋있어 보이지도 않았지만 한 번도 경험하지 못한 마이크로소프트의 다른 분야를 알아야 한다는 생각으로 참아냈다. 너무 끔찍하고 힘들어서 다시 마케팅팀으로 돌아가고 싶을 때도 있었다. 그러나 그는 끝까지 버텨 필요한 기술을 익혔고 이 년이 지난 후에는 완전히 새로운 기술로 무장할 수 있었다. 나중에 그는 마케팅과 기술 분야 관리팀을 맡게 되었다. 두 분야 모두 책임질 능력을 인정받은 것이다.

하지만 정말 싫고 재능도 없는 일을 굳이 선택할 필요는 없다. 그럴 때는 주어지는 일을 계속하는 것이 좋다. 때로는 계속해서 맡은 일을 훌륭히 처리해 내는 것으로 승진 가도에 가속도를 붙일 수도 있다. 현재 마이크로소프트 그룹의 부사장 제프 레익스는 판매 부서의 경험은 전혀 없었지만 전체 판매 부서 관리를 맡게 되었다. 이전 직위에서 그가 보여 준 탁월한 능력과 성공으로 인해 빌 게이츠 회장의 눈에 최적임자로 보였던 것이다.

장기적인 관점이 필요하다

실수를 했다고 세상이 끝나는 것은 아니다. 장기적인 관점을 유지하면 어떤 실수든 신속하게 극복할 수 있고, 오히려 더 많은 것을 배울 기회가 되어 자신을 발전시킬 수 있다.

부하 직원이 실수로 판매 부서에 잘못된 정보를 보내거나, 언론사에 나쁜 인상을 주거나, 혹은 마감 시한을 맞추지 못했을 때, 매킨토시용 워드팀의 제품 관리자 레슬리 코치는 이렇게 말하곤 했다.

"걱정하지 말아요. 아이들이 죽진 않을 테니까."

이상하게 들릴지 모르지만 그 말을 들을 때마다 우리는 장기적인 관점을 유지할 수 있었다. 실수는 만회, 수정이 가능하니까 심각한 문제를 가져오지는 않을 것이라 생각하고 문제 해결에 초점을 맞추는 것이다. 그녀의 이런 자세는 어디서 비롯된 것일까? 그녀의 이전 직장은 뉴욕 시의 아동 보호국이었다. 그곳에서는 한 번 중대한 실수를 하면 어린아이의 생명이 위험한 경우가 많았다. 그래서 그녀는 우리가 아무리 끔찍한 실수를 해도, 엄청난 예산을 낭비하거나 중요한 기회를 놓쳤다 해도 적어도 다음에는 미연에 방지할 수 있는 일이라는 것, 따지고 보면 생명을 잃는 것은 아니라고 생각한 것이다.

그녀는 때로 직원들이 밤 10시까지 퇴근하지 않고 책상에 매여 있으면 복도를 오가며 '이게 청춘이란 말예요? 이런 식으로 소중한 젊음을 낭비하고 싶어요?' 하고 소리를 지르면서 퇴근을 종용하기도 한다.

▼	마이크로소프트는 정말 그렇게 열심히 일하나요?	▲

(사내에 회람된 전자 우편에서)

수신	수잔 위버
발신	스테파니 리브레스코
참조	침입

오늘 이런 이야기를 들었는데요……

마이크로소프트 경비원이 사내 배구장에 들어와 놀고 있는 두 명의 외부인을 발견하고 밖으로 나가 달라고 요구했다.

한 직원이 경비원에게 그 사람들이 마이크로소프트 직원이 아닌 걸 어떻게 알았느냐고 묻자 경비원 아저씨 왈,
"피부가 햇볕에 그을렀더라구요."

'내부 적'은 없다

사내 경쟁이 지나치면 오히려 업무에 지장을 준다.

자칫 잘못하면 '집단 역학'에 휘말릴 수가 있다. 몇 년 전 마케팅팀끼리 예산과 의사 결정 권한을 둘러싸고 세력 싸움을 벌인 적이 있다. 이 문제로 시작된 두 팀의 싸움은 지출, 의사 소통, 고객 연락 등 모든 문제로 확산되었고 분위기는 점점 더 험악해졌다. 서로를 비난하는 전자 우편이 넘쳐났고 급기야 회사의 이익이 아니라 팀의 영역 확보에 몰두해 모든 결정을 내리기 시작했다.

마침내 한 관리자가 말했다.

"우리의 경쟁 상대는 우리 자신이 아니라 로터스, 워드퍼펙트, 노벨입니다."

누구나 알고 있는 말이었지만 모든 사람에게 진지한 경종으로 다가갔다. 팀원들은 그 말을 곱씹어 생각했고 두 팀은 다시 한 자리에 모여 논의를 시작했다. 그 후 상황은 조금씩 회복되었고 결국 그들은 고객 확보라는 공동의 이익에 초점을 맞추었다.

직장과 가정의 균형을 이루는 10가지 방법

사실 대부분의 마이크로소프티는 직장 생활과 가정 생활의 균형을 찾지 못하고 있다. 너무나 많은 시간과 에너지를 직장에서 불태우고 있기 때문이다. 그러나 여기에 그 문제를 해결한 몇 가지 비결이 있다.

1. 주중에 데이트 약속을 잡아라.
2. 친구를 만날 때는 체육관을 이용하라. 기다리는 친구를 생각하면 운동을 쉬고 싶은 마음이 사라질 것이다.
3. 자선 행사에 참여하거나 자선 단체 회원으로 가입하라.
4. 도자기 공예, 외국어 회화, 요가 등 직업과 관계 없는 야간 강좌를 신청하라.
5. 6시에 퇴근해서 가족들과 함께 저녁을 먹고 아이들을 재운 후, 그 후에 남은 일을 처리하라.
6. 음악회나 연극의 정기 입장권을 구입해 두어라. 그냥 돈을 버리기가 아까워서라도 공연을 보러 가게 될 테니까.
7. 일 주일에 이틀은 정각 6시에 퇴근하라. 그리고 나머지 삼 일은 원하는 만큼 야근을 하라. 이 방법은 특히 독신에게

좋다.

8. 오전 8시 전이나 오후 5시 이후에는 회의를 잡지 말라. 주말은 말할 것도 없다.

9. 주말 여행을 계획하라. 그때문에 못 하게 되는 집안 일을 대신 처리할 사람을 고용하라.

10. 마이크로소프트는 아홉 가지밖에 생각할 줄 모른다. 열 번째는 농담?!